Robert Maruschke

Community Organizing

Zwischen Revolution und Herrschaftssicherung
Eine kritische Einführung

AF627797

edition assemblage

Seit einigen Jahren steigt Community Organizing zum Schlagwort in der außerparlamentarischen Stadt- und Sozialpolitik auf. Soziale Bewegungen verbinden mit der Parole *Organize!* die Hoffnung, die eigene Politik auf eine breite gesellschaftliche Basis stellen zu können. Diese Erwartung ist nicht unbegründet: Seit den 1880er Jahren ist Community Organizing in der US-amerikanischen Gesellschaft ein effektives Instrument emanzipatorischer Politik. Im 21. Jahrhundert angekommen, richtet sich die Energie vieler Nachbarschaftsorganisationen – auch in Deutschland – wieder gegen Gentrifizierung und rassistische Institutionen. Neben linken sozialen Bewegungen nutzen aber auch (neo)liberale Akteure Community Organizing als Instrument der Herrschaftssicherung.

Dieses Buch bietet eine kritische Einführung in das Feld des Community Organizings. Interviews mit Organizer_innen aus Berlin und Los Angeles und viele Beispiele aus der politischen Praxis vermitteln die Chancen und Probleme der verschiedenen Ansätze. Dabei wird deutlich, dass Community Organizing eine kämpferische und langfristige Organisation in Stadtteilen ermöglichen und die vorherrschende Inhaltsleere in der neoliberalen Stadt in Frage stellen kann.

Robert Maruschke ist Politikwissenschaftler und Aktivist aus Berlin. Seine Schwerpunkte liegen auf stadt- und sozialpolitischen Themen. Er hat die Berliner Bürgerplattformen kritisch untersucht und über revolutionäres Community Organizing in den USA geschrieben. Dort arbeitete er zudem als Organizer.

Robert Maruschke

Community Organizing

Zwischen Revolution und Herrschaftssicherung
Eine kritische Einführung

edition assemblage

Bibliografische Information der Deutschen Bibliothek
Die Deutsche Bibliothek verzeichnet diese Publikation in der Deutschen Nationalbibliografie; detaillierte bibliografische Daten sind im Internet über http://dnb.ddb.de abrufbar.

Gefördert durch die Projektförderung der Rosa Luxemburg Stiftung.

Robert Maruschke: Community Organizing
Zwischen Revolution und Herrschaftssicherung
Eine kritische Einführung

1. Auflage 2014
ISBN 978-3-942885-58-4

© edition assemblage
Postfach 27 46
D-48014 Münster
info@edition-assemblage.de | www.edition-assemblage.de

Mitglied der Kooperation *book:fair*
Mitglied der *assoziation Linker Verlage* (aLiVe)

Umschlag: Max Maruschke
Satz: bi, Münster
Lektorat: Armin Kuhn
Druck: CPI Clausen & Bosse, Leck
Printed in Germany 2014

Inhalt

01 Einleitung

Zwölf Menschen aus verschiedenen Ecken Europas sitzen in einem großen, unsanierten und üblicherweise für Sozialberatungen genutzten Altbau in Berlin. Sie diskutieren ihre Situation mit ihrem gemeinsamen Arbeitgeber, mit dem Jobcenter und mit Vermieter_innen. Ihr Arbeitgeber betreibt Hostels und handelt mit Immobilien, immer an der Grenze der Legalität. Die Grenze der Legitimität, da sind sich die Anwesenden einig, ist längst überschritten. Sie erhalten Löhne zwischen 65 Cent und vier Euro die Stunde und werden mit vertraglichen Winkelzügen drangsaliert. Der Arbeitgeber stellt ihnen keine Einkommensbescheinigungen aus. So können sie keine Wohnungen anmieten, was mit geringem Einkommen in Berlin sowieso fast unmöglich ist. Auch für die beim Jobcenter einzureichenden Dokumente verweigert er die Unterschrift. Die Hälfte der Anwesenden wurde bereits um den Lohn geprellt, andere grundlos gekündigt.

Solche verheerenden Lebensrealitäten finden sich überall in den bundesdeutschen Städten. Schlechte Arbeitsbedingungen, Abschiebungen, Wohnungsnot, Demütigungen in den Jobcentern, Zwangsräumungen, Polizeigewalt, etc. Die Liste der eklatanten gesellschaftlichen Verwerfungen ist lang. Soziale Bewegungen sollten es sich zur Aufgabe machen, an diesen Zuständen anzusetzen und sie grundlegend verändern zu wollen. Aber wie erreichen sie die Menschen, die am stärksten von gesellschaftlicher Unsicherheit, Ausbeutung und Diskriminierung betroffen sind? Wie kann es gelingen, sich gemeinsam mit ihnen zu organisieren? Und wie wird Basisorganisation zu einer gesellschaftlichen Kraft, die die Verhältnisse substanziell herausfordern kann?

Das US-amerikanische Community Organizing birgt das Versprechen, durch kontinuierliche und breite basisdemokratische Politik von unten eine stärkere Durchsetzungskraft für politische Anliegen zu erreichen. Die Wissenschaftler_innen Irene und Herbert Rubin beschreiben Community Organizing als ein Konzept, das Menschen zusammenbringt und organisiert, ihnen Auswege aus der eigenen Ohnmacht bietet, ihren Einfluss auf die eigene Lebensrealität erhöht und auf diese Weise die Gesellschaft aus den alltäglichen Lebenszusammenhängen heraus politisiert, demokratisiert und verändert (Rubin/Rubin 1992: 1ff.).

Ein solcher Begriff von Community Organizing ist mit der Erwartung verbunden, zur Überwindung der alltäglichen Zumutungen beizutragen und den betroffenen Menschen eine langfristige Strategie der Basisorganisation zur Verfügung zu stellen. Gleichzeitig deckt die angebotene Definition auch eine lange und weit verbreitete Tradition, die Community Organizing als eine Art Methodenbaukasten versteht. Indem bürgerliches Engagement aktiviert und individuelle Kompetenzen ausgebaut werden, will dieser Ansatz von Community Organizing die jeweiligen Lebensumstände verbessern, ohne den aktuellen Status quo in Frage zu stellen.

Die Bedeutung von Community Organizing ist stark umkämpft. Zwei Modelle stehen sich in ihren politischen Ansprüchen und praktischen Aktivitäten gegenüber und definieren das Spannungsfeld zwischen Revolution und Herrschaftssicherung, in dem sich alle aktuellen Projekte bewegen. Community Organizing war oft – gewollt oder ungewollt – an der Herstellung, Legitimierung oder Absicherung der genannten Zumutungen beteiligt. Doch es gibt auch unzählige Beispiele dafür, dass Community-Organisationen in der Lage waren, eine große Zahl von Menschen kontinuierlich und verbindlich zu organisieren, sie zu ermächtigen, auf diese Weise die bestehenden Herrschaftsverhältnisse grundlegend zu erschüttern und den Regierenden zumindest substanzielle Zugeständnisse abzuringen. Es ist demnach von entscheidender Bedeutung, in welche Tradition von Community Organizing sich Gruppen, Initiativen oder Organisationen in sozialen und ökonomischen Konflikten stellen.

Das Spannungsfeld zwischen Revolution und Herrschaftssicherung zwingt zur Entscheidung, ob Community-Organisationen Probleme isoliert betrachten, oder ob sie diese mit den tiefer liegenden Strukturen unserer Gesellschaft in Verbindung bringen. Dem Anspruch nach benennen *revolutionäre* bzw. *transformative* Community-Organisationen die strukturellen Aspekte alltäglicher Probleme, die sie in langjähriger Arbeit herausgefiltert haben: Es liegt auch an rassistischen und sexistischen Strukturen bei Arbeitgeber_innen, Vermieter_innen und Jobcentern, dass Menschen, die für sie nicht zur Mehrheitsgesellschaft gehören, diskriminiert werden. Es liegt auch an der Eigentums- und Profitlogik, dass keine oder zu niedrige Löhne gezahlt werden, dass Vermieter_innen lieber an Mittelschichtsfamilien als an prekär Beschäftigte vermieten und dass die Jobcenter die Menschen durch den Sicherheitsdienst vor die Tür setzen und die Geldzahlung anschließend von Gerichten angewiesen werden muss. Betrifft das nur einzelne? Nur heute oder auch morgen? Ist der Kampf vorbei, wenn einmalig Tariflöhne erstritten, wenige Abschiebungen oder einige Zwangsräumungen verhindert wurden? Welche Form des Community Organizings gibt auf diese Fragen politisch sinnvolle und zwischenmenschlich ehrliche Antworten?

Mein Angebot für die Debatte ist die Unterscheidung zwischen *revolutionären* bzw. *transformativen* und *liberalen* Formen des Community Organizing.[1] Während transformatives Community Organizing an den gesellschaftlichen Herrschaftsverhältnissen ansetzt und versucht, diese zu überwinden, ist liberales Community Organizing diesen gegenüber blind oder gar zustimmend. Wie bei allen theoretischen Modellen kann auch diese Unterscheidung je nach hi-

1 In den USA existieren auch Formen des Community Organizings, die offen reaktionäre Forderungen stellen. Solche Formen, wie das Organizing der Tea Party-Bewegung, wurden für dieses Buch ausgespart.

storischen und geographischen Umständen verschwimmen. Dennoch gewinnt die Debatte um den politischen Anspruch und die gesellschaftlichen Folgen der verschiedenen Formen des Community Organizing durch eine kritische Orientierung an Herrschaftsverhältnissen an Schärfe.

Der Begriff *liberal* ist durch seine unterschiedliche Verwendung im europäischen und im US-amerikanischen Kontext missverständlich. In der BRD wird unter (neo)liberal oft eine auf kapitalistische Märkte ausgerichtete Politik verstanden, die an individuellen Interessen und Profiten orientiert ist und gesellschaftliche Herrschaftsstrukturen ignoriert. Demgegenüber gebrauchen konservative und reaktionäre Kräfte in der US-amerikanischen Debatte das Wort liberal als Kampfbegriff. Sie bezeichnen damit jede auch nur ansatzweise fortschrittliche Politik im sozialdemokratischen und bürgerrechtlichen Sinne. Was beide Deutungen eint, ist der liberale Glaube an die Funktionsfähigkeit des Kapitalismus und die Reduktion von strukturellen Herrschaftsformen wie Rassismus oder Sexismus auf isolierte und meist individuelle Probleme. Dieser letztlich herrschaftsfreundliche Ansatz wird im Folgenden als liberal bezeichnet.

Mindestens genauso umstritten wie der Gehalt liberalen Denkens ist die Bedeutung *revolutionärer* oder *transformativer* Politik. Grundlegend für jede revolutionäre oder transformative Perspektive ist es, jeder Form von Unterdrückung unvereinbar gegenüber zu stehen. Der Begriff revolutionär verweist stärker auf diese grundsätzliche Unvereinbarkeit und wurde zuletzt in Zeiten der US-amerikanischen Bürgerrechtsbewegung prominent verwendet. Der Begriff transformativ legt dagegen den Schwerpunkt auf einen längeren Prozess der Umwälzung und ist in der aktuellen Praxis beliebter, da er anschlussfähiger an andere Debatten zu sein scheint. Gleichzeitig ist der Begriff transformativ wesentlich umkämpfter und wird auch von neoliberalen Akteuren ins Feld geführt.

Ich halte beide Begriffe für wichtig, weil sie die Bandbreite dessen widerspiegeln, was entsprechende Community-Organisationen leisten. Die parallele Verwendung beider Begriffe folgt dem Sprachgebrauch in der US-amerikanischen Debatte, die transformatives Community Organizing als konkrete Arbeit an einer »revolutionären Alternative« (Eric Mann) begreift.

Diesen Anspruch mit einem detaillierten Organisationskonzept zu unterfüttern, unterscheidet transformatives Community Organizing von anderen Formen politischer Organisation. In der BRD gibt es aktuell kaum erfolgreiche Beispiele dauerhafter und verbindlich arbeitender Basisorganisationen mit einem umfassenden Anspruch auf gesellschaftliche Veränderung. Trotz gegenteiliger Absicht fällt es Stadtteil- und Erwerbsloseninitiativen, autonomen Gruppen, Hausprojekten oder linken sozialen Zentren schwer, Menschen jenseits subkultureller oder akademischer Kreise anzusprechen. Ich bin der Meinung, dass die angewandten Organisationsformen, egal ob Partei, Gewerkschaft, NGO, Bürgerinitiative oder autonome Kleingruppe, in vielen Kämpfen ihre ausdrückliche Berechtigung haben. Für das Anliegen einer Basisorganisation in der Nachbarschaft machen sie jedoch kein einladendes Angebot. Es ist daher nicht mein Ziel, die genannten Organisationsformen zu diskreditieren, sondern für ernsthafte Basisorganisation abseits der etablierten Formen zu werben.

Dieses Buch bietet eine kritische Einführung in die lange Geschichte des Community Organizings und will die bundesdeutsche Diskussion re-politisieren. Die Entdeckungsreise beginnt mit einem Gespräch mit Eric Mann, der seit 40 Jahren transformatives Community Organizing betreibt. Er fordert Nachbarschaftsorganisationen auf, eine »revolutionäre Alternative zum herrschenden System« anzubieten. Das Interview bietet Einblicke in den Alltag eines der Organizing-Projekte des Strategy Centers, der 3.000 Mitglieder starken *Bus Riders Union*, skizziert Aspekte erfolgreichen Organizings und erläutert den Widerspruch, wieso auch transformative Community-Organisationen für die erfolgreiche Wahl Barack Obamas mobilisiert haben (*Kapitel 2*).

Die vom *Strategy Center* und von anderen Nachbarschaftsorganisationen entwickelte transformative Praxis unterscheidet sich stark von der herrschenden Meinung zum Community Organizing, die das Konzept eher als Methodenbaukasten zur unkritischen Aktivierung von Menschen im politischen Prozess betrachtet. Daher schließt sich an das Gespräch mit Mann eine kurze und kritische Einordnung der aktuellen Forschung zu Community Organizing an (*Kapitel 3*).

Im Gegensatz zu transformativen Akteur_innen sind liberale Community-Organisationen nicht an grundsätzlichen Veränderungen interessiert. In den USA hat sich seit Ende des 19. Jahrhunderts eine starke unternehmerische und staatliche Tradition entwickelt, die mit Community Organizing-Projekten die tiefen gesellschaftlichen Widersprüche ignoriert, verdeckt und de-thematisiert. Die Social Settlement-Bewegung von Jane Adams um 1900, die Community Center-Bewegung in den 1920er Jahren, Saul Alinsky, der Vordenker des liberalen Community Organizings, und seine seit den 1940er Jahren tätigen Organisationen sowie Community Development-Projekte seit den 1970er Jahren konnten nur in seltenen Fällen langfristige Erfolge erzielen. Und dennoch erfährt insbesondere Alinsky seit jeher große Aufmerksamkeit, auch von Teilen linker sozialer Bewegungen. Die oft unkritische Bezugnahme auf Alinsky halte ich strategisch für kontraproduktiv und schlage daher eine kritische Distanz zu liberalen Ansätzen des Community Organizings vor (*Kapitel 4, erster Teil*).

Die Geschichte des transformativen Community Organizings in den USA bietet gleichzeitig viele Beispiele, die Impulse für eine re-politisierte Organisations- und Strategiedebatte in der BRD geben können. Die Erfahrungen aus der nachbarschaftlich organisierten militanten Arbeiterbewegung[2] zum Ende

---

2 Der Begriff „arbeitslos“ wird in diesem Buch aus dem historischen Kontext heraus verwendet. Die Kritik, der Begriff täusche darüber hinweg, dass es sich bei Arbeits-

des 19. Jahrhunderts, der kämpferischen Arbeitslosenorganisationen in den 1930er Jahren, die unerschrocken konfrontative Bürgerrechtsbewegung in den 1960er Jahren und die feministischen Bewegungen in den darauf folgenden Jahrzehnten bilden die historischen Eckpfeiler einer vielschichtigen Entwicklungslinie widerständiger Basisorganisation in den USA (*Kapitel 4, zweiter Teil*).

Zu Beginn des 21. Jahrhunderts beziehen sich transformative Community-Organisationen noch immer auf diese Entwicklungslinie, haben ihre Praxis aber an die veränderten Gegebenheiten angepasst. Der in Los Angeles aktive Organizer und Mitbegründer des *Labor and Community Strategy Centers,* Eric Mann, beschreibt deren Ansatz transformativen Community Organizings wie folgt:

> Transformatives Organizing bindet massenhaft Menschen ein, um für konkrete Forderungen, die durchgesetzt werden müssen, militant[3] zu kämpfen [...], aber immer als Teil einer größeren Strategie, die strukturellen Verhältnisse in der Welt zu verändern [...] Transformatives Organizing zielt auf eine Veränderung des Systems, eine Veränderung des Bewusstseins derjenigen, die organisiert werden, und eine Veränderung des Bewusstseins der Organizer_innen selbst. Dies ist das Fundament und die Vision, die uns zeigt, für was wir kämpfen und wie wir diesen Kampf gewinnen können (Mann 2011: x).[4]

Manns Beschreibung betont den Zusammenhang von konkreten Forderungen und umfassender Herrschaftskritik sowie von gesellschaftlicher Transformation und Selbstveränderung. Sie bildet ein allgemeines Selbstverständnis gegenwärtiger transformativer Community-Organisationen in den USA ab, bietet jedoch keine umfassende Definition transformativen Community Organizings.

In Abwesenheit einer ausgearbeiteten Theorie schlage ich auf der Grundlage von Gesprächen mit Organizer_innen und einer Auswertung der verfügbaren Literatur vier Eckpunkte vor, die die Praxis gegenwärtigen transformativen Community Organizings umreißen: eine *kritische Analyse der* und eine *grundsätzliche Opposition gegen die gesellschaftlichen Verhältnisse*, eine explizit *politische Basisarbeit*, *konfrontative Politikformen* und die Etablierung einer organisationsübergreifenden, grenzenlosen und praktischen *Solidarität.* In ihrer Gesamtheit bilden diese vier Grundsätze das Modell transformativen Community Organizings im 21. Jahrhundert.

---

losigkeit nicht um das Fehlen von Arbeit, sondern um das Fehlen von entlohnter Erwerbsarbeit handelt und der Begriff „erwerbslos" daher passender ist, trifft zu.

3 Militant hat in der US-amerikanischen, aber auch in der französischen Debatte, nicht die Bedeutung einer gewaltvollen Auseinandersetzung. Militant beschreibt eine Aktionsform, die sich vor Ort und direkt gegen Ungerechtigkeiten wendet.

4 Im gesamten Buch werden eigene Übersetzungen englischsprachiger Literatur verwendet. Hervorhebungen werden aus den Originalen übernommen, falls nicht anderweitig gekennzeichnet.

Das spezifisch Neue für den bundesdeutschen Kontext ist die Kombination aller vier Elemente und der starke Fokus auf Basisorganisation. Sie funktionieren nur zusammen. Gleichzeitig bilden die vier Eckpunkte kein starres, unveränderliches Gefüge. Transformatives Community Organizing bleibt eine Soziale Such-Bewegung. Aktuelle Nachbarschaftsorganisationen müssen regelmäßig mit widersprüchlichen und kontroversen Situationen umgehen, ihre Praxis reflektieren und ihre Strategien und Ziele kontinuierlich anpassen. Auch dieser andauernde Prozess der Selbstreflexion und Selbstveränderung steht in Kontinuität mit der Geschichte des transformativen Community Organizings (*Kapitel 5*).

In der BRD ist die herrschaftskritische Variante des Community Organizings kaum bekannt. Fast alle mir bekannten bundesdeutschen Wissenschaftler_innen, die auf diesem Gebiet forschen, beziehen sich auf die liberale Organizing-Tradition.[5] Auch andere journalistische oder bewegungsnahe Veröffentlichungen lassen eine kritische Betrachtung vermissen. Diese diskursive Lücke trug dazu bei, dass in der BRD ausschließlich liberale Community Organizing-Projekte wahrgenommen werden. In der öffentlichen Debatte werden sie als *das* Community Organizing aus *den* USA beschrieben und für ihren progressiven Ansatz gelobt. Die bekanntesten bundesdeutschen Beispiele, die Berliner Bürgerplattformen, spielen mit diesem Image und inszenieren sich als fortschrittliche Organisationsform. Die Bürgerplattformen teilen ebenso wie die staatlichen Berliner Quartiersmanagements die problematischen Aspekte liberalen Community Organizings, die oftmals zur Herrschaftssicherung oder -verschärfung beitragen (*Kapitel 6*).

Seit wenigen Jahren arbeiten aber auch in der BRD einige politische Initiativen mit Elementen des transformativen Community Organizings, auch wenn sie sich nicht ausdrücklich darauf beziehen. Ich habe Vertreter_innen von *Kotti & Co* und *Zwangsräumungen verhindern* in Berlin getroffen und mit ihnen die Chancen und Gefahren von Basisorganisation diskutiert. Obwohl noch klar erkennbare Unterschiede bestehen, leisten die beiden stadtpolitischen Gruppen wertvolle Arbeit, die eine tatsächliche Basisorganisation zum Ziel hat (*Kapitel 7*).

Beide Gruppen sind mit dem Problem konfrontiert, dass sie in Zeiten unternehmerischer Stadtpolitik mit ständigen Versuchen der Vereinnahmung

5 Die Ausnahmen sind Christina Kaindl und Rainer Rilling (2011), Michael Rothschuh (2013) und Marion Mohrlock u.a. (1993). Letztere bemühen sich um einen umfassenden Überblick zu Community Organizing im Bereich der Sozialen Arbeit. Rothschuh weist darauf hin, dass Community Organizing eine eigene Tradition innerhalb sozialer Bewegungen hat und wagt vorsichtige Kritik an Alinsky. Andere Veröffentlichungen können aus herrschaftskritischer Sicht vernachlässigt werden. Gewerkschaftliche Organizing-Literatur wurde bei der Literatursichtung nicht berücksichtigt.

und der Instrumentalisierung umgehen müssen. Konzepte wie Governance, Sozialkapital und Zivilgesellschaft werden von Akteur_innen neoliberaler Stadtpolitik dazu genutzt, emanzipatorische Anliegen für die Modernisierung und Legitimierung neoliberaler Politik einzubinden. Liberales Community Organizing spricht oftmals eine ähnliche Sprache wie der städtische Neoliberalismus, der Beteiligung als richtungslosen und scheinbar unpolitischen Selbstzweck inszeniert. Diese und weitere problematische Aspekte beschreiben das Terrain, auf dem sich auch transformatives Community Organizing heute beweisen muss (*Kapitel 8*).

Zum Abschluss der Entdeckungsreise kommen die verschiedenen Argumente und Widersprüche gesammelt auf den Tisch und werden an die alltäglichen Probleme politischer Arbeit angelegt. Dabei wird es wieder um die Menschen in dem unsanierten Beratungsraum in Berlin gehen. Es liegt auf der Hand, dass transformative Community-Organisationen versuchen, die konkreten Forderungen durchzusetzen, die »gewonnen werden müssen« (Mann 2011: x). In diesem Fall: Lohn, Wohnungen und Gleichbehandlung.

Wie aber werden Pragmatismus und kritische Gesellschaftsanalysen, Offenheit und Klarheit gewichtet? Werden kurzfristige Forderungen und ein langfristiges politisches Programm formuliert, die durch ihr Zusammenspiel den Status quo herausfordern und die versammelten Menschen begeistern können? Und wenn ja, wie? Wie wird mit neoliberalen Vereinnahmungsversuchen umgegangen? Wer sind Verbündete, wer sind Gegner_innen? Wie kommen die Menschen überhaupt zusammen? Wie kann eine basisdemokratische Organisation aufgebaut werden, die *alles* fordert (Williams 2013), viel gewinnt (Mann 2011) und von den Menschen aus der Nachbarschaft getragen wird (*Kapitel 9*)?

02 »Organizing ist eine revolutionäre Alternative« – Ein Gespräch mit Eric Mann

Eric, du bist Direktor des *Labor and Community Strategy Centers* in Los Angeles, Kalifornien. Du hast es 1989 mitgegründet und arbeitest aktuell im Planungskomitee der *Bus Riders Union* mit, die ein zentrales Organizing-Projekt des Strategy Centers ist. Was ist Transformatives Organizing?
Nach meiner Lesart fordert transformatives Organizing den US-amerikanischen und europäischen Imperialismus heraus. Es ruft Menschen, die im globalen Norden von der Unterdrückung und Abhängigkeit anderer Länder und Kulturen profitieren, zur unmittelbaren Solidarität mit denen auf, die für Selbstbestimmung kämpfen. Es ruft zu einem Kampf auf, der ausgehend von Klassenbewusstsein, anti-rassistischer Positionierung und mit einem ganzheitlichen Ansatz die ökonomischen, politischen und sozialen Verhältnisse in Frage stellt, und der von den Unterdrückten innerhalb und außerhalb unterdrückerischer Staaten ausgeht. Um revolutionäre und demokratische Experimente zu erschaffen, braucht es sehr enge zwischenmenschliche Beziehungen. Organizing ist anstrengend, du musst es wirklich wollen. Und du musst die Menschen mögen, einzeln und zusammen.

Was ist der Kern transformativen Organizings?
Die Frage ist, ob über Imperialismus geredet wird oder nicht. Das Ziel transformativen Organizings ist es, eine revolutionäre Alternative zum herrschenden System anzubieten. Manche sagen dann: »Das Problem mit den Kommunisten ist, dass sie eine verallgemeinernde Analyse haben, die Unterschiede ausblendet und deswegen natürlich zum Totalitarismus führt«. Das sehe ich komplett anders.

Wieso?
Eine verallgemeinernde Erzählung des Sozialismus als ganzheitliche Sicht auf die Welt bietet eine Alternative zur verallgemeinernden Weltanschauung des Kapitalismus. Ich war in kommunistischen Organisationen und habe unseren Einsatz, die Disziplin, Strategie und Taktik bewundert, aber ich habe auch Missbrauch erlebt. Ich denke dennoch, dass man die Geschichte nicht im luftleeren Raum verändern kann und wundere mich über junge Leute, die den hunderten Millionen Menschen, die in der Sowjetunion, in China, in Kuba oder auch der DDR für den Sozialismus gekämpft haben, ohne Wohlwollen begegnen. Für mich sind Marx, Lenin und 3. Welt-Denker_innen wie Mao, DuBois, Nkrumah, Cabral, Fanon, CRL James und anti-imperialistische Feminist_innen wie Maria Mies immer noch die beste Grundlage für sozialistische Experimente.

Es ist ein schrecklich arroganter Ausgangspunkt, wenn du denkst, du machst es besser als all die Menschen, die je gekämpft haben.

Wie beeinflusst das die Arbeit des Strategy Centers? Wen versucht ihr zu organisieren?

Wenn du keine verallgemeinernde Erzählung anbietest, dann gehen die Menschen zu denen, die eine haben. Wir sind eine politische Organisation. Wir organisieren Menschen ausgehend von unserer Politik. Wir schaffen es sehr gut, gegen-hegemoniale Forderungen zu entwickeln und eine Basis der arbeitenden Klasse in den Schwarzen und latein-amerikanischen Nachbarschaften aufzubauen. Wir haben gezeigt, dass Linke in Großstädten eine treibende Kraft sein können. Unsere internationalistische Vision für städtisches Organizing verweist durch unsere revolutionäre Ausrichtung unmittelbar auf eine neue Gesellschaft.

Was sind andere wichtige Aspekte?

Organizing muss revolutionär ausgerichtet sein. Es muss Individualismus und jede Form von Eigeninteresse in Frage stellen, was nicht heißt, dass es Eigeninteressen nicht einbinden kann. Im Kern kann es den Menschen und ihren Familien eine bessere Gesellschaft anbieten, es geht aber mit Arbeit und Einschränkungen einher. Als ich mich der Bürgerrechtsbewegung 1964 angeschlossen habe, haben die Schwarzen gesagt: »Das ist System ist rassistisch und wir fordern es in seiner Gesamtheit heraus«. Für uns waren Kämpfe um Wohnungen oder zur Rolle der Polizei immer im größeren Kontext der Bewegung und der Revolution verortet. Das beeinflusst das Strategy Center noch heute. Wie die Revolution genau aussieht, weiß ich nicht. Sie ist aber in ihren Grundzügen anti-imperialistisch und sozialistisch ausgerichtet.

Die Bus Riders Union, mit 300 aktiven Mitglieder, 3.000 Mitgliedern insgesamt und mit 30.000 Unterstützer_innen ist ein Vorzeigeprojekt des Strategy Centers. Wieso ist sie so erfolgreich?

Es ist sehr schwierig, eine Organisation zu erhalten und wachsen zu lassen. Wir hatten einen ideologischen Ausgangspunkt, von dem wir Schwarze, latein-amerikanische, asiatische und *weiße* College-Absolvent_innen in unserer *National School for Strategic Organizing* ausgebildet haben. Die sind dann in die Busse gestiegen und haben gesagt, dass wir eine Bewegung für soziale Gerechtigkeit aufbauen wollen und dass wir denken, das Nahverkehrssystem spiegelt die Ungerechtigkeit in Form von Rassismus wider. Und die Leute fühlten sich angesprochen.

Wie haben die Busfahrer_innen reagiert?

Wir haben sie immer unterstützt, auch als sie gestreikt haben. Sie sehen uns als Verbündete derselben Klasse. Wenn wir einsteigen, begrüßen wir die Fahrer_innen, denn schließlich ist es ihr Bus. Du musst respektvoll mit den Menschen umgehen. Dann kündigen wir uns und unsere Forderungen an und bekommen sehr gemischte Reaktionen. Menschen sind genervt, aufgeschlossen, sauer, aber auch sehr begeistert wegen unserer ganzheitlichen Forderungen. Du musst viel Arbeit und Zeit investieren, um Menschen zu finden, sie zu halten und als Organizer_innen auszubilden. Unser ideologisches und anti-imperialistisches Organizing geht davon aus, dass Menschen eher an einer umfangreichen Sicht auf die Welt, an Ursachen und an einer menschlichen Vision für die Zukunft interessiert sind, und nicht an einzelnen Problemen, egal wie stark das Eigeninteresse sein mag.

Die BRU erreicht trotz der explizit politischen Herangehensweise sehr viel. Kannst du ein Beispiel geben?

Wir haben in den zehn Jahren zwischen 1996 und 2006, auch durch Gerichtsentscheidungen, 2,7 Milliarden Dollar gegen die Nahverkehrsgesellschaft MTA erstritten. Los Angeles hat ein flächendeckendes Busnetz aufgrund unserer Arbeit.

Was hat sich mit der Zeit verändert?

Es gab einen Übergang – jetzt kommen fast alle Organizer_innen von der Basis. Die erste Generation kam aus den Colleges, die dann in den »Fabriken auf Rädern«, also den Bussen, und in den Nachbarschaften viele großartige Menschen kennengelernt haben. Diese wurden zu aktiven Mitgliedern, denen wir irgendwann Stipendien gegeben haben, um ihr geringes Einkommen auszugleichen. Wenn sie dann als Organizer_innen erfolgreich sind, wenn sie neue Mitglieder in die Organisation holen und auch halten, wenn sie unsere Politik verstehen und auch vermitteln können, stellen wir sie ein.

Wie kommt ihr mit hunderten Menschen zu Entscheidungen?

Nun ja, zu allererst glauben wir an Klarheit und Demokratie, was wir auch Disziplin und *leadership*[6] nennen. Umso klarer, offener und ehrlicher Organizer_innen sind, desto mehr Mitglieder verstehen die politische Richtung der Organisation und können daraufhin mehr Verantwortung übernehmen. Das Strategy Center hat aktuell zwei Organisationen, die *Bus Riders Union* und die *Community Rights Campaign*, in denen monatliche Vollversammlungen mit hunderten Mitgliedern die zentrale Entscheidungsinstanz sind. Neue Ideen und kurzfristige Entscheidungen werden vorher lange im Planungskomitee der BRU oder im Lenkungskomitee der CRC besprochen, denen jeweils 7 Organisationsmitglieder und 5 Organizer_innen angehören.

---

6 Die US-amerikanische Bedeutung des leadership Begriffs wird in Kapitel 5 ausführlich diskutiert.

Im monatelangen Entstehungsprozess neuer Kampagnen führen wir unzählige Gespräche mit den Mitgliedern, so dass alle ihre Ideen einbringen können. Wenn es dann losgeht, haben alle das Wissen, den Prozess mitgestaltet zu haben, auch wenn ihre Meinung sich nicht durchsetzen konnte. Durch diesen gemeinschaftlichen Prozess stehen alle hinter den Kampagnen. Unsere Entschlossenheit hat immer wieder druckvolle Aktionen gegen Regierungen und Unternehmen ermöglicht.

Wir sind davon überzeugt, dass Demokratie entschiedenes und transparentes *leadership* benötigt. Wir lehnen Pseudo-Gleichberechtigung ab, in denen manipulative und intransparente Entscheider_innen durch Selbstinszenierung und die Leugnung ihrer eigenen Macht Beschlüsse fassen – ohne klare Verantwortlichkeiten, niemand ist niemandem Rechenschaft schuldig. Wir lehnen auch Richtungskämpfe ab, die Organisationen im Namen der Demokratie und eines Rechts auf Dissens spalten. Natürlich haben Menschen dieses Recht, aber ab einem gewissen Punkt sollten langjährige Genoss_innen ihre fundamental anderen Ansichten anerkennen, eigene Organisationen aufbauen und dann zusammen in gemeinsamen Bündnissen kämpfen. Demokratie hat nichts damit zu tun, in zwei entgegengesetzte Richtungen zu gehen.

Entgegen Alinskys Tradition des Organizings betont ihr die Verbindung von einzelnen Konflikten und strukturellen Aspekten der Gesellschaft. Wieso?

Wir müssen daran arbeiten, aus einer auf Einzelkonflikten orientierten Politik auszubrechen, egal wie radikal diese sein mag. Hin zu einer Politik, die von einer revolutionären Sicht auf die Welt geprägt ist und von da aus die einzelnen Konflikte angeht. In der jetzigen Krise des Kapitalismus ist für alle denkbaren Themen mindestens eine revolutionäre Realpolitik notwendig. Wenn wir mit Menschen über unsere Forderungen reden, verstehen sie die Forderungen sofort und sie verstehen auch, dass sie möglich sind. Die Frage ist heute, kann unsere Politik mit anderen großen Erzählungen, beispielsweise des Buddhismus oder Katholizismus, konkurrieren? Die Antwort ist nein. In den 1960ern war die »Revolution« hingegen echt, sie war greifbar und ihre Ideen waren eine treibende Kraft in der Gesellschaft.

Zum Beispiel?

Unsere aktuelle Kampagne, *The Fight for the Soul of our Cities*, ist ein Experiment, das der arbeitenden Klasse aus dem Geist, aus dem Herz und aus der Seele sprechen kann. Wir haben, angelehnt an die Black Panther Party, einen Flyer gemacht, der ohne Einleitung oder weitere Erklärungen die Forderungen präsentiert: Keine Autos in L.A. – Stoppt den Angriff der USA auf die Welt – Kostenloser Nahverkehr – Keine Polizei in den Bussen – Freiheit für alle 2,5

Millionen Gefangenen – Offene Grenzen und Straffreiheit für Migranten_innen – Keine Drohnenangriffe der USA – Kämpft für das Recht auf Widerstand!

Das ist der Versuch unsere strauchelnde Basis, die von rechten Angriffen ohne Hoffnung oder Gemeinschaftlichkeit zurückgelassen wurde, zu erreichen und aufzurütteln. Jede Forderung zwingt Menschen der arbeitenden Klasse dazu, eine Entscheidung für oder gegen die Forderungen zu treffen. Wenn wir offene Grenzen ansprechen, müssen Schwarze mit dem schrecklichen Widerspruch umgehen, dass billige Arbeitskraft unter erzwungener Illegalität in die USA gebracht wird. Und sie wissen, dass das Teil des Systems ist. Arbeitende Menschen ohne legale Rechte reproduzieren das, was der Sklaverei aktuell am nächsten kommt. Und die Arbeitsplätze werden den Schwarzen genommen und Latein-Amerikaner_innen gegeben. Das ist eine schreckliche, eine herzzerreißende Situation. Wir müssen trotzdem für die Öffnung der Grenzen und für staatliche Unterstützung für Schwarze kämpfen. Jede Forderung betont einen gegen-hegemonialen ideologischen Punkt. Und wir fragen uns, gibt es Menschen, die die Forderungen nicht verstehen? Nein. Stimmen alle zu? Natürlich nicht. Es bleibt eine interessante Herausforderung.

Konfrontiert ihr die Menschen wirklich mit solch umfangreichen Forderungen beim ersten Kontakt?

Das ist deine wichtigste Frage und die Antwort ist: Auf jeden Fall! Wir sind überzeugt, dass die Menschen bereit sind für unsere Visionen. Alinsky hatte eine Vorstellung von Bewusstseinsbildung, die mit einer Manege verglichen werden kann: Die Organizerin ist der Zirkusdompteur und die Massen sind die Elefanten. Glücklicherweise organisieren wir die Elefanten, um das System, angefangen beim Dompteur, zu stürzen.

Was ist deiner Meinung nach für transformatives Organizing der BRD wichtig?

Ich habe in Deutschland oft Diskussionen erlebt, die Klassenkampf außerhalb historischer Zusammenhänge diskutiert haben. Die entscheidende Frage ist, bringt ihr die Geschichte Deutschlands, insbesondere die Nazi-Zeit, in Verbindung mit eurer alltäglichen Arbeit? Wie oft redet ihr darüber, um die aktuelle Politik zu erklären? Das entscheidet, wie die Welt euch betrachtet. Daran schließt sich die Frage an: Ist euch bewusst, dass ihr einen klaren Bruch mit der Rolle eurer Regierung in der Welt unternehmen müsst, bevor ihr den Klassenkampf in Deutschland angeht? Versteht ihr, dass ihr in einem unterdrückerischen Staat lebt und dass ihr eine Revolution gegen eure eigene Regierung aufbaut? Oder denkt ihr, ihr baut eine Bewegung auf der Wohnungsfrage auf? Wohnungen für wen? Wohnungen für den unterdrückerischen Staat? Das ist nicht sehr interessant. Das ist auch nicht die Aufgabe der arbeitenden Klasse, die für die Befreiung aller Menschen kämpfen sollte.

Welche konkreten Themen fallen dir da ein?

Ich würde sagen, dass die Rechte von Flüchtlingen und Migrant_innen wichtige Fragen sind für transformatives Organizing in Deutschland. Du musst die Leute fragen: Stehst du in revolutionärer Opposition zur Geschichte und Kultur deines Landes?

Du und andere US-amerikanische Organizer_innen legt großen Wert auf regionales, landesweites und internationales *Movement Building*. Mit wem baut ihr soziale Bewegungen auf?

Das ist eine der großen Fragen des Lebens. Ich verwende Mao und sein Konzept der Einheitsfront für mein Verständnis von Bündnissen, das von konkreten Forderungen ausgeht. Wenn du in L.A. anarchistische Tendenzen hast, wenn du kommunistische Positionen vertrittst, wenn du zur Demokratischen Partei tendierst oder wenn du die Befreiung der Schwarzen anstrebst, identifizierst du dich mit dem Strategy Center. Wir verbünden nicht nur alle die verbündet werden können, wir formen aus diesem Bündnis auch eine Einheit, die Verschiedenheit zulässt. Wir mögen andere Ansichten. Wir respektieren Organizer_innen, die mehr Menschen organisieren als wir. Die Einheitsfront kann nicht spalterisch angelegt sein. Du darfst nicht alle hassen.

Und auch bei der Demokratischen Partei muss man Unterscheidungen machen und vorsichtig sein. Ich sage zwar Obama repräsentiert die Interessen des Imperialismus, aber die Partei ist nicht die Partei des Imperialismus. Wir greifen sie oft an, aber du musst vorsichtig sein, weil viele Menschen eine bewusste Entscheidung getroffen haben, als sie Obama und nicht den Super-Rassisten Romney gewählt haben. Das war die Wahl, die ihnen gegeben wurde. So klein die US-amerikanische Linke auch sein mag, fast alle waren in Obamas Kampagne aktiv. Wir waren alle sehr enthusiastisch, als er gewählt wurde. Aber wir wurden getäuscht. Es ist aber gut, dass wir nicht so zynisch sind, um uns nicht täuschen zu lassen. Wieso nicht etwas Hoffnung haben? Das ist viel besser als die Leute, die meinten, »Siehst du, ich habe doch gesagt, dass er scheiße baut«. Da kann ich nur sagen: »Du hast die ganze Revolution der Obama-Wahl verpasst. Alter, du bist so isoliert, du brauchst dich gar nicht zu melden«.

03 Eine kritische Einordnung

Im vorherigen Kapitel hat Eric Mann die Positionen des *Labor and Community Strategy Centers* zu den Grundsätzen und Gefahren des transformativen Community Organizings erläutert. Er hat die Notwendigkeit unterstrichen, grundsätzliche gesellschaftliche Fragestellungen in den Mittelpunkt der Diskussion zu rücken. Aus der Arbeit transformativer Nachbarschaftsorganisationen müsse hervorgehen, dass sie den Herrschaftslogiken dieser Gesellschaft entgegenstehen und dass sie konkret an einer anderen Welt arbeiten.

Am Beispiel eines der Organizing-Projekte des *Strategy Centers,* der *Bus Riders Union (BRU),* wurde deutlich, dass Community Organizing mit vielen Widersprüchen konfrontiert ist. Die *BRU* stand vor der Herausforderung, dass die unterschiedlichen gesellschaftlichen Gruppen ihrer eigenen Basis beispielsweise auf dem Arbeitsmarkt systematisch in Konkurrenz zueinander gebracht werden. Durch eine kritischen Analyse solcher gesellschaftlicher Herrschaftsmechanismen und eine kontinuierliche, politische Basisarbeit ist es ihr gelungen, diese und andere Widersprüche solidarisch zu überbrücken. Die BRU hat es geschafft, tausende Menschen in ihren Kampf einzubeziehen, einige von ihnen zu festangestellten Organizer_innen auszubilden und konkrete Erfolge zu erzielen. Durch Bündnisse mit Organisationen in den USA und in anderen Ländern, aber auch durch die Zusammenarbeit im Rahmen von Barack Obamas Wahlkampagne, haben sie mit unterschiedlichem Erfolg am Aufbau sozialer Bewegungen gearbeitet.

Die vorherrschenden Kategorien der US-amerikanischen und deutschsprachigen Forschung können den Kern der Arbeit gegenwärtiger Community-Organisationen wie die der *BRU* nicht erfassen. In der US-amerikanischen Forschung hat sich die aus den 1970er Jahren stammende Einteilung des Sozialwissenschaftlers Jack Rothman durchgesetzt. Dessen Unterscheidung zwischen drei Formen des Community Organizings – *Nachbarschaftsentwicklung, Sozialplanung* und *Sozialer Aktivismus* (Rothman 1970: 21) – mit jeweils eigenen Traditionen und Entwicklungslinien, orientiert sich primär an den jeweiligen Politikformen, also an der Art und Weise wie die Organisationen ihre Anliegen durchsetzen. Wenn Inhalte und Forderungen wie bei Rothman aber nicht in die Analyse einbezogen werden, ist die Praxis von Nachbarschaftsorganisationen politisch nicht angemessen einzuordnen. Diese theoretische Enge führt oft dazu, dass herrschaftsfreundliche Politik hinter konfrontativen Politikformen versteckt wird. So konnte sich Saul Alinsky durch konfrontative Aktionen als radikaler Organizer inszenieren, obwohl seine Organisationen langfristig kaum emanzipatorische Inhalte transportierten und zum Teil offen reaktionäre Positionen vertraten. Um dieser irreführenden Kategorisierung zu entgehen, sollte sich eine kritische Einordnung von Community Organizing an dessen Positionierung gegenüber gesellschaftlichen Herrschaftsverhältnissen orientieren.

Saul Alinsky (1909–1972) ist der bekannteste Vordenker und Vertreter liberalen Community Organizings. Seine Organisationen prägten sowohl einen konfrontativen als auch einen kooperativen liberalen Organisationsstil. Er hat Ende der 1930er Jahre ein Jahr lang für die gewerkschaftliche Dachorganisation Congress of Organizations (CIO) gearbeitet. Der CIO hat in dieser Zeit die Community Organizing-Tradtion der militanten Arbeiterbewegung und der Arbeitslosenorganisationen der zurückliegenden Jahrzehnte auf die Situation in den Fabriken zugeschnitten. Alinsky hat diese Organizing-Strategie mit der Gründung des *Back of the Yards Neighborhood Council* im Jahr 1939 von den Fabriken zurück in die Stadtteile übertragen und zugleich wesentliche Veränderungen an ihr vorgenommen. Er entkernte diese und spätere Organisationen von politischen Positionierungen, emanzipatorischen Visionen, kritischen Analysen und politischer Basisarbeit, betrieb aber weiterhin konfrontative Politik. Seit den späten 1960er Jahren hörten die von ihm initiierten Organisationen dann auch auf, Konflikte offen auszutragen und verfolgten stattdessen eine kooperative Strategie in der Stadt- und Sozialpolitik.

Der Verzicht auf eine ausdrücklich politische Positionierung in Alinskys Organizing-Ansatz, die dessen Organisationen anfällig oder gar offen für eine Einbindung in herrschaftliche Politik gemacht hat, kann durch Rothmans Kategorien nicht erfasst und beurteilt werden. Folgen wir Rothmans Unterscheidung, stünde für die Bewertung von Alinskys Praxis stattdessen die Verschiebung vom *sozialen Aktivismus* in den 1940er Jahren hin zur *Nachbarschaftsentwicklung* in den 1970er Jahren im Mittelpunkt. Da Rothmans Begriffe für eine Differenzierung innerhalb der Tradition *liberalen* Organizings aber hilfreich sind und im Verlauf des Buches immer wieder eine Rolle spielen, werde ich sie kurz erläutern.

Der Begriff *Sozialplanung* umfasst alle Debatten und Handlungsansätze, die Community Organizing als Werkzeug verstehen, mit dessen Hilfe sozialstaatliche Leistungen an nachbarschaftliche Besonderheiten angepasst werden können. Vertreter_innen dieses Ansatzes wollen soziale *Probleme* in der Nachbarschaft identifizieren und sie dort unter geringer Beteiligung der Betroffenen bearbeiten. Eine tatsächliche Organisierung findet kaum statt – schon gar nicht mit einer alternativen gesellschaftlichen Vision. Stattdessen wird der Wohlfahrtsstaat in der Nachbarschaft verankert. Durch rationales Expertenwissen sollen die sozialen Probleme von *oben,* unter begrenzter Mitwirkung der Bewohner_innen gelöst und so Verbesserungen in der Nachbarschaft erreicht werden. Grundsätzliche gesellschaftliche Veränderungen spielen eine untergeordnete Rolle. Für eine emanzipatorische Politik bietet dieser Ansatz keine Ansatzpunkte und soll deshalb hier nicht weiter verfolgt werden.

Community Organizing in der Form der *Nachbarschaftsentwicklung* (*Community Development*) zielt vor allem darauf ab, lokales Verwaltungshandeln durch die Beteiligung der Bürger_innen in ihrem Ergebnis zu verbessern und auf diese Weise dessen Akzeptanz zu erhöhen. Themen, über die bei allen Gruppen der Nachbarschaft Einigkeit herrscht, sollen in einem gemeinsamen Prozess benannt und besprochen werden. Eine tatsächliche Entscheidungsmacht der Bürger_innen, auch bei grundlegenden Fragen, ist jedoch nicht angedacht. Die Organisation der Nachbarschaft soll Planungsprozesse steuern oder bereichern. Sie ist also funktional auf einen – an anderer Stelle definierten – »ökonomischen und sozialen Fortschritt der ganzen Nachbarschaft« (United Nations 1955, zit.n. Rothman 1970: 21) ausgerichtet.

Zentrales Augenmerk dieser Form des Community Organizings liegt auf dem (demokratischen) Organisations*prozess* von Bewohner_innen des Stadtteils, nicht auf deren Problemen oder politischen Interessen. Wichtig ist, dass Bürger_innen näher an das politische System herangebracht und Strukturen aufgebaut werden, die »die Nachbarschaft« perspektivisch in die Lage versetzen ihre Probleme selbst zu lösen. Der Ansatz der Nachbarschaftsentwicklung strebt einen Konsens aller Bewohner_innen und Akteure einer Nachbarschaft an. Die offene Austragung von Konflikten wird abgelehnt. Oft besteht das Ziel allein darin, überhaupt eine Community zu erschaffen (*Community Building*), an der die Handlungsansätze des Community Development greifen können. Ein gemeinschaftlicher Prozess soll die Menschen einer Nachbarschaft dazu bringen, sich als Einheit, als harmonisches Ganzes zu begreifen. Im besten Fall entstehen selbstorganisierte Netzwerke oder Zentren, die in dieser Form aber selten über den Status quo hinaus weisen können. Community Development ist die häufigste Form Community Organizings. Aktuelle Beispiele aus Berlin sind die lokalstaatlichen Quartiersmanagements oder die drei privatwirtschaftlich finanzierten Bürgerplattformen (Kapitel 6; Maruschke 2014).

Sowohl für die Nachbarschaftsentwicklung als auch für die Sozialplanung in den USA gilt, dass sie in ihrer Geschichte sehr schnell institutionalisiert und professionalisiert wurden. Hier spielten Hochschulen für Soziale Arbeit und die (lokal-)staatlichen Verwaltungen eine große Rolle. Dies gilt sowohl für die erste Hochphase dieser Ansätze in den 1920er und 1930er Jahren als auch für die zweite Phase in den 1960er und 1970er Jahren. Von Beginn an waren progressive Ansätze in diesen Feldern unterrepräsentiert. Aus der wichtigen und berechtigten Forderung demokratischer Selbstbestimmung in der Sozialen Arbeit und der Stadtentwicklung wurden standardisierte Handlungsanweisungen für Sozialarbeiter_innen und Stadtplaner_innen (Austin/Betten 1990: 5). Diese waren dann zunehmend Partner statt Kritikerinnen einer auf Profit ausgerichteten Stadtpolitik. Am Beispiel der von Alinsky gegründeten *The Woodlawn Organization* im Chicago der 1960er und 1970er Jahre zeigt der Autor des US-amerikanischen Standardwerks zu Community Organizing, Robert Fisher, wie diese »sich zu einem Unternehmen der Nachbarschaftsentwicklung gewandelt hat, betrieben durch die Mittelschicht der Community« (Fisher 1994: 143).

In anderen Fällen wurden Experimente mit selbstorganisierten Nachbarschaftsstrukturen jenseits der etablierten Ansätze des Community Organizings so stark politisch angegriffen, dass diese Versuche scheiterten. Dass die Organisationen der Sozialplanung und des Community Development keinen progressiven Wandel in ihren Nachbarschaften erreichen konnten, ist aber nicht nur auf die Stärke und Gewaltbereitschaft der städtischen Eliten zurückzuführen, sondern auch auf problematische Aspekte liberalen Community Organizings, in deren Tradition diese Konzepte stehen. Eine ausführliche Kritik liberalen Organizings folgt im nächsten Kapitel.

Schließlich fasst die Kategorie des *sozialen Aktivismus* jene Formen des Community Organizings zusammen, die auf eine Artikulation politischer Interessen in der Nachbarschaft abzielen und versuchen, daraus abgeleitete Forderungen durch konfrontative Interventionen durchzusetzen. Im Gegensatz zu sozialplanerischen Ansätzen, die mit verwaltungstechnischen Mitteln konkrete *Probleme* lösen wollen, und zur Nachbarschaftsentwicklung, die den *Prozess* der Beteiligung in den Mittelpunkt stellt, bringen Formen des sozialen Aktivismus die Formulierung politischer Forderungen und ihre konfrontativen Durchsetzung in einen Zusammenhang. So werden unter diese Kategorie sowohl Beispiele liberalen als auch transformativen Community Organizings gefasst (Smock 2004: 11; Ohmer/DeMasi 2009: 8ff). Gemeinsam ist den jeweils betrachteten Organisationen aber lediglich die konfliktorientierte Ausrichtung ihrer Politik. Die darüber hinaus bestehenden eklatanten Unterschiede zwischen den Ansätzen fallen so unter den Tisch. Diese analytische Unschärfe ist ein Grund, wieso die Unterscheidung zwischen herrschaftsfreundlichen und herrschaftskritischen Community Organizing-Formen so wichtig ist.

Inzwischen hat sich in der US-amerikanischen innerlinken Debatte eine kritische Sicht auf liberale, an Alinsky angelehnte Organisierungsmodelle durchgesetzt. Aktivist_innen und Organisationen rufen stattdessen dazu auf, transformatives Community Organizing zu betreiben. Die Organizer_innen Eric Mann (2001, 2010a, 2011), Steve Williams (2013), Eric Shragge (2003) und Maria Poblet (2013) heben die Vorzüge von transformativem Organizing hervor und bezweifeln den politischen Gehalt liberalen Community Organizings. Gegenüber einer Behandlung vereinzelter Probleme, einer bloßen Entwicklung von Beteiligungsprozessen oder einer Bearbeitung begrenzter politischer Interessen und Forderungen fordert der langjährige Organizer und in San Francisco lebende Steve Williams einen umfassenden, gesellschaftsverändernden Ansatz:

> Wenn [liberale, RM] Organisierung der Versuch ist, Menschen zusammenzubringen, um ein gemeinsam identifiziertes Problem kollektiv zu lösen, dann stellt transformatives Organizing einen Ansatz dar, jede Kampagne in den Kontext des zugrunde liegenden Systems von Ausbeutung und Unterdrückung zu stellen. Transformatives Organizing zeichnet sich durch seine explizite Absicht aus, sowohl das System als auch die Menschen zu verändern, die sich in den Kampagnen engagieren, um so wirkliche Befreiung für alle zu erreichen (Williams 2013: 4).

Das Unbehagen mit der Tradition des liberalen Community Organizing ergibt sich auch aus ihrem in der Geschichte häufig beobachteten Effekt (un)gewollter Herrschaftssicherung. Die Kritik, dass liberale Nachbarschaftsorganisationen unterdrückerische Verhältnisse regelmäßig co-produzieren, ist nicht neu und wird von vielen Autor_innen durch Schwachstellen der liberalen Organizing-Theorien erklärt. Diese theoretischen und die praktischen Schwächen werde ich im folgenden Kapitel diskutieren.

04 Ein Jahrhundert zwischen Revolution und Herrschaftssicherung

Die dokumentierte Geschichte des Community Organizings in den USA beginnt in der zweiten Hälfte des 19. Jahrhunderts. Die einsetzende Industrialisierung hatte katastrophale Folgen für die Arbeits- und Lebensbedingungen der arbeitenden Bevölkerung und wurde begleitet von der weitgehenden Abwesenheit sozialer Rechte und Regulierungen, einer verbreiteten, durch die Jim Crow Laws[7] verschärften rassistischen Diskriminierung und Segregation sowie der Unterdrückung und gesellschaftlichen Ausgrenzung von Frauen. Extrem harte körperliche Arbeit, 16-Stunden-Tage, Hungerlöhne, rassistische Lynchjustiz und eine oftmals miserable Wohnsituation prägten das Bild amerikanischer Städte.

Aus dieser Gemengelage entstehen erste Versuche einer politischen Organisation auf Nachbarschaftsebene. Schon die frühen Formen des Community Organizings können mit Blick auf ihren Umgang mit den strukturellen Ursachen untragbarer Zustände in herrschaftskritische und herrschaftsfreundliche Formen unterteilt werden. Faktische Sklaverei, Polizeibrutalität, Wohnungslosigkeit, Arbeitslosigkeit, Hunger oder häusliche Gewalt waren nur einige der vielen Probleme, die Gegenstand verschiedener Organisierungsversuche auf Nachbarschaftsebene wurden.

Die Antworten liberalen und revolutionären Community Organizings auf gesellschaftliche Missstände und Krisen standen sich oft unversöhnlich gegenüber. So entging Saul Alinsky durch seine propagierte Inhaltsleere und prominent veröffentlichte Distanz zur Arbeiter- oder Bürgerrechtsbewegung den Repressionswellen der US-Regierungen, wirkte dadurch aber bei der Diskreditierung und Unterdrückung radikalerer Organisierungsansätze mit. Wie begründet sich der liberale Zweifel an grundsätzlichen politischen Positionen und der unerschütterliche Glaube an ein vorgeblich »anti-ideologisches« Community Organizing? Wodurch zeichnen sich demgegenüber die praktischen Alternativen des revolutionären Community Organizings aus?

7 Die Jim Crow Laws bezeichnen ein System von Praktiken, das People of Color entweder juristisch und/oder faktisch diskriminierte und rassistische Gewalt legitimierte. Die Jim Crow Laws folgten auf die Abschaffung der Sklaverei in den 1870er Jahren und wurden erst 1965 durch höchstrichterliche Entscheidungen abgeschafft. Dennoch ist der Rassismus in den USA nicht überwunden. Viele PoC Aktivist_innen sehen u.a. in dem rassistischen Strafverfolgungssystem die logische Fortführung der Jim Crow Laws.

Die Geschichte liberalen Community Organizings

Die vorherrschende Form liberalen Community Organizings kann innerhalb Rothmans Kategorie der Nachbarschaftsentwicklung verortet werden. Sie wird je nach spezifischer Ausformung auch Community Development, Consensus Organizing, Community Building oder Locality Development genannt. Im ersten Teil dieses Kapitels werde ich die konzeptionellen Besonderheiten liberalen Community Organizings an ausgewählten Beispielen diskutieren. Die theoretischen Schwächen dieses Ansatzes, vor allem aber die Geschichte liberaler Nachbarschaftsorganisationen in den USA zeigen, wieso ich liberales Community Organizing für die Entwicklung einer emanzipatorischen Praxis für ungeeignet halte.

Von der Armenhilfe zur neoliberalen Aufwertung

Die Geschichte des liberalen Community Organizings in den USA beginnt Ende des 19. Jahrhunderts. Es ist die Zeit, in der sozial-liberale Reformer_innen versuchen, die flächendeckenden Schattenseiten des industriellen Kapitalismus durch soziale und partizipative Elemente in Politik und Verwaltung zu erhellen. Die ersten Schritte liberalen Community Organizings werden stark durch solche reformorientierten, sozial-liberalen Ansätze zur Abfederung der dringendsten sozialen Missstände geprägt.

Armenhilfe – Social Settlements und Community Center

Als Reaktion auf die miserablen Lebensbedingungen der Arbeiterklasse begann in der zweiten Hälfte des 19. Jahrhunderts eine Strömung sozial-liberaler Reformer_innen aus der *weißen*, hochgebildeten und einkommensstarken städtischen Mittel- und Oberschicht die Armenhilfe neu zu organisieren. Zwei der daraus resultierenden Organisationen, die Charity Organization Societies (seit 1877) und die Social Settlement-Bewegung (seit 1886), wählten die Nachbarschaften als ihr Tätigkeitsfeld. Sie begriffen Armenhilfe erstmals als Stadtteil-, und nicht nur als Einzelfallarbeit.

Die Social Settlement-Bewegung gründete in US-amerikanischen Großstädten hunderte »Gemeindezentren« (*Social Settlements*), die in eigens dafür erworbenen Häusern sozialstaatliche und freizeitorientierte Programme anboten, u.a. Rechtsberatung, medizinische Versorgung, öffentliche Bäder, Koch-, Näh-, Literatur-, Sprach- oder Holzarbeitskurse (Fisher 1994: 8f.). Sie betrieben nicht nur klassische Armenhilfe, sondern organisierten die Bewohner_innen auch in Bezug auf politische Probleme, wie zum Beispiel Mietfragen (Mohrlok u.a. 1993: 24f.). Durch ihren Bezug auf die gesamte Nachbarschaft und die politische Arbeit gelten die Social Settlements als Vorläuferinnen liberalen Community Organizings.

Die Social Settlements verbreiteten sich schnell. Im Jahr 1910 existierten landesweit schon 400 solcher Häuser. Nach 1910 wurde der Ansatz der Settlements durch die Community Center-Bewegung neu aufgenommen. Die Community Center waren in ihrer Anfangsphase noch stark durch die Idee beeinflusst, das Leben in den Nachbarschaften zu demokratisieren. Durch eine starke Professionalisierung und durch Eingriffe konservativer Politiker_innen ging dieser Anspruch spätestens in den 1920er Jahren verloren. Zu diesem Zeitpunkt gab es alleine in New York über 400 Community Center, die für ihr Sozial- und Freizeitprogramm am Nachmittag die Schulgebäude der Nachbarschaft nutzten. Die Settlements und die Community Center haben die liberale Organizing Tradition der Nachbarschaftsentwicklung bis in 1950er Jahre bestimmt.

Konfrontationen in der Nachbarschaft – Saul Alinsky

Saul Alinsky entstammte nicht dieser sozialreformerischen Tradition, sondern war geprägt vom gewerkschaftlichen Organizing innerhalb des Congress of Industrial Organizations (CIO). Nach dem Abbruch seines Archäologiestudiums arbeitete er als Kriminologe für den Bundesstaat Illinois und schloss sich Ende der 1930er Jahre dem CIO an. Die im Gewerkschaftsverband gesammelten Eindrücke und Taktiken aus den Jahren 1937 und 1938 übertrug er auf die Nachbarschaft im Chicagoer Stadtviertel Back of the Yards. Der *Back of the Yards Neighborhood Council* (BYNC) folgte wie alle von Alinsky in den nachfolgenden Jahrzehnten gegründeten Organisationen dem immer gleichen Schema: Zuerst sicherte er sich massive finanzielle Unterstützung für die Infrastruktur der aufzubauenden Organisation (Büro, Organizer[8]). Geldgeber waren entweder Kirchen oder liberale Stiftungen. Staatsgelder lehnte er ab. Dann gingen er oder andere ausgebildete Organizer in die Stadtteile und brachten Vertreter_innen der wichtigsten Institutionen der Nachbarschaft an einen Tisch. Die Organizer wurden gut bezahlt und konnten durch eingeworbene Ressourcen ein eigenes Büro für die Treffen nutzen. Dort identifizierten sie die dringendsten Probleme, auf die sich alle Vertreter_innen einigen konnten. War ein Problem benannt, analysierten sie, wer in der Nachbarschaft Entscheidungen treffen konnte, um dieses Problem zu beheben. Die entsprechenden Personen wurden

8 In Alinskys Organisationen waren in den ersten Jahren nur Männer als Organizer tätig.

dann durch direkte Aktionen mit der Situation konfrontiert und zum Handeln aufgefordert. Dieser Prozess wiederholte sich nach Abschluss jeder Kampagne.

In Alinskys Organisationen war der Organizer die zentrale Figur. Er musste gut ausgebildet sein, hart arbeiten und jederzeit die richtige Entscheidung für die Organisation treffen können. Er sollte den Vertreter_innen der Nachbarschaft dabei helfen, soziale Veränderungen herbei zu führen. Gleichzeitig hatten seine Community-Organisationen den Anspruch, demokratisch strukturiert zu sein und verschiedene Gruppen aus der Nachbarschaft zusammenzubringen. Alinsky organisierte nicht Nachbar_innen, sondern Vertreter_innen schon bestehender Organisationen. Diese sollten sich, entsprechend ihres Eigeninteresses, auf ein gemeinsames Problem und entsprechende Lösungsansätze einigen. Die praktische Folge war eine stark formalisierte und hierarchische Organisationsstruktur, in der Vertreter_innen langsam an die Position des Organizers herangeführt werden sollten, um sich perspektivisch selbst zu organisieren. Innerhalb der Organisation war eine transparente Struktur der Entscheidungsfindung wichtig, damit die Mitglieder sie als demokratisch wahrnehmen konnten.

Alinskys Organisationen ging es um Macht. Macht war in seinem Konzept die alles entscheidende Kategorie, allerdings nicht als strukturelles Phänomen. Diskriminierungen von People of Color führte er beispielsweise nicht auf einen fundamentalen, historisch gewachsenen und in allen Bereichen des Zusammenlebens verankerten Rassismus zurück. Er verwies stattdessen auf Machtungleichgewichte in einzelnen Konflikten, die er beheben wollte. Alles Übel der Gesellschaft lag seiner Analyse zufolge in diesen Machtungleichgewichten. Armut beispielsweise resultiere aus der Unfähigkeit der Armen, ihre Interessen durchzusetzen. Hier versprach Alinsky Abhilfe. Er behauptete, seine Organisationen würden die »Habenichtse« (Alinsky) in die Lage versetzen, sich gegen die herrschenden Interessen durchzusetzen.

Entsprechend waren die jeweiligen Eigeninteressen der versammelten Vertreter_innen der Ausgangspunkt des politischen Kampfes. Umfangreichere gesellschaftspolitische Ziele oder Vorstellungen stünden der Effektivität der Organisation im Weg. Pragmatismus und Anti-Ideologie waren stattdessen die zentralen Stichworte. Alinsky war der Meinung, progressive Ideale würden sich ausgehend von den versammelten individuellen Interessen innerhalb der Organisation von selbst herausbilden. Der Verzicht auf ein anti-rassistisches oder anti-kapitalistisches Selbstverständnis bei der politischen Arbeit brachte es mit sich, dass die Nachbarschaftsorganisationen keine umfassende Analyse der alltäglichen Probleme entwickeln konnten. Alinsky zufolge war es wichtiger, die Entscheidungsträger_innen bei einzelnen Auseinandersetzungen durch die eigene Stärke zu richtigen Entscheidungen zu bewegen.

Für die Durchsetzung des Eigeninteresses sollten nur Kämpfe geführt werden, die auch zu gewinnen waren. Diese realpolitische Verankerung zielte darauf ab, die Lebensdauer der Organisation und die Motivation ihrer Mitglieder zu erhöhen. In der politischen Auseinandersetzung waren Alinsky alle Mittel Recht. Er forderte eine bunte Palette an direkten Aktionen, um den politischen Gegner unvorbereitet zu treffen und unberechenbar zu erscheinen. Konflikte öffentlich und konfrontativ auszutragen war ein Kernelement des frühen Alinsky.

Alinskys Organisationen verschwanden Ende der 1940er Jahre von der politischen Landkarte. Sein Ansatz kehrte erst in den 1960ern Jahren in die öffentliche Wahrnehmung zurück. Anfänglich konfrontative Organisationen wie der BYNC und *The Woodlawn Organization (TWO)* entwickelten sich in dieser Zeit zu kooperativen Partnerinnen der herrschenden Stadt- und Sozialpolitik. Alinsky selbst und viele seiner Schüler_innen betrieben im Rahmen der Community Organizing-Dachorganisation *Industrial Areas Foundation (IAF)* nun Community Development. Ein Element dieser Neuausrichtung war die stärkere Konzentration auf die urbane Mittelschicht, da Alinsky von ihr und nicht länger von der einkommensarmen Bevölkerung gesellschaftliche Veränderungen erwartete (Alinsky 2007 [1972]: 21).

Staatliches Community Organizing – Community Action Program

In der Zwischenzeit erkannte auch die US-amerikanische Regierung, dass ökonomischer Wohlstand bei weitem nicht alle Menschen erreichte und die rassistische Alltagspraxis des Staates unter starkem Druck stand. Gerade die revolutionären Organisationsbemühungen und wiederholte Riots in den Nachbarschaften der großen Städte zwangen die Regierung Kennedy Anfang der 1960er Jahre, Alternativen auf der lokalen Ebene anzubieten. 1963 rief sie das *Community Action Program (CAP)* ins Leben, das innerhalb von 18 Monaten 1.000 *Community Action Agencies (CAA)* hervor brachte. Diese hatten beachtliche und größtenteils sozialstaatlich gebundene Mittel zur Verfügung, die unter Mitsprache der Bevölkerung verteilt werden sollten. Das CAP diente dazu, den Widerstand in den Städten kontrollierbar zu machen. Darüber hinaus sollte die afro-amerikanische Bevölkerung näher an die Demokratische Partei herangeführt werden.

Die Struktur der CAAs und die Verteilung der Mittel waren stark umkämpft. In Städten mit kämpferischen Traditionen und viel Organisationserfahrung wie New York, Syracuse, Newark, San Francisco oder Oakland wurden mittels der CAAs Erfolge für einkommensarme Menschen durchgesetzt. Dazu zählten die Einführung von Mietobergrenzen, die Ausweitung des sozialen Wohnungsbaus und der öffentlichen Gesundheitsversorgung sowie die Umverteilung der Mittel an selbstorganisierte Initiativen. Entscheidend dafür war die errungene Mehrheit in den Gremien der CAAs. Diese CAAs entwickelten sich zu Basisorganisationen, die sich offensiv in politische Auseinandersetzungen einbrachten. In anderen Städten waren sie klassische Dienstleistungseinrichtungen mit sozialem Anspruch, ohne den politischen und gesellschaftlichen Status quo auch nur ansatzweise zu gefährden.

Aber auch die Zeit, in der einige CAAs Erfolge erzielen konnten, war schnell abgelaufen. Das politische Establishment in den größeren Städten wehrte sich zunehmend gegen die neuen progressiven Strukturen, so dass die Mittel und der Entscheidungsrahmen für die CAAs ab 1968 stark eingeschränkt wurden (Fisher 1994: 119ff.).

Community Organizing als Aufwertungsprogramm – Community (Economic) Development

Mit dem CAP hat die US-amerikanische Regierung das politische System für mehr Beteiligung geöffnet, ohne eine grundsätzliche Entscheidungsmacht an Bewohner_innen der Nachbarschaften zu übertragen. Diese vorsichtige Öffnung des politischen Systems setzte sich in den 1970er Jahren fort. Alinskys und viele weitere vormals konfrontative Community Organizing-Projekte haben sich in diesem gesellschaftlichen Kontext verstärkt kooperativen Ansätzen zugewandt.

Diese Verschiebung ebnete vielen Nachbarschaftsorganisationen den Weg in eine kooperative Koexistenz mit ökonomischen Entwicklungszielen. Hauptziel der neu ausgerichteten Organisationen war es, die wirtschaftliche Aufwertung der Nachbarschaft mit zu gestalten. Daher wird dieser Ansatz oft als Nachbarschaftsentwicklung oder Community Development bezeichnet. Schon die beschriebenen Social Settlements und die Community Center haben Community Development betrieben. Sie konnten jedoch keine prägende Wirkung auf die Nachbarschaftsentwicklung entfalten, weil ihnen ein dafür aufgeschlossenes politisches System und ein politischer Konsens über die entsprechenden Entwicklungsziele fehlten. Seit den späten 1960er Jahren aber konnten sich lokale Verwaltungen und Organisationen des Community Development zunehmend auf das Ziel der wirtschaftlichen Aufwertung von Nachbarschaften einigen.

Diese Schwerpunktsetzung der Nachbarschaftsentwicklung hat sich seitdem nicht wesentlich verändert, auch wenn die Tätigkeitsfelder und die Reichweite der Beteiligung regelmäßig an die veränderten politischen Rahmenbedingungen angepasst wurden. Grundsätzlich orientierte sich das Maß der Partizipation oder die inhaltliche Ausrichtung der Community Development-Projekte am aktuellen politischen Status quo. In der repressiven Reagan-Ära in den 1980er Jahren war beispielsweise weniger Partizipation an stadtpolitischen Entscheidungen auf Nachbarschaftsebene durchsetzbar als noch in den 1970er Jahren.

Community-Development-Organisationen beschränken sich darauf, verlässliche Kooperationspartner in der Stadt- und Sozialpolitik zu sein:

> Gewerkschaftliche und nachbarschaftliche Organizer_innen begannen über Ermächtigung statt Macht, über einen ›Platz am Verhandlungstisch‹ statt konkrete Forderungen, über politische Unabhängigkeit und Private Public Partnership statt einer Herausforderung für die Profitlogik und die Macht der Unternehmen zu reden (Mann 2011: xiv).

Nicht gesellschaftliche Veränderung, sondern das Stärken von lokalen Netzwerken und die Beteiligung an der Aufwertung sind die Ziele der Community Development-Organisationen. Sie gehen davon aus, dass sich politisch mehr erreichen lässt, wenn die staatlichen und wirtschaftlichen Rahmenbedingungen akzeptiert werden. Folgerichtig sehen sie profit-orientierte Stadtpolitik nicht als Problem, sondern als Bedingung ihres Handelns. Sie sind oft Organisationen der Mittelschicht, die von einem klassenübergreifend »einheitlichen Interesse von Eigentum und Nachbarschaft« (Fisher 1994: 180) ausgehen.

Zwei wichtige Modifikationen innerhalb des Konzepts von Nachbarschaftsentwicklung sind die Verwandlung von Community-Organisationen in *Community Development Corporations (CDC)* und das noch stärker ökonomisch ausgerichtete *Community Economic Development (CED)*. Passend dazu entwickelte sich eine neue Form der Nachbarschaftsorganisierung: das Consensual Organizing. CDC, CED und Consensual Organizing tauchen zum ersten Mal in den 1980er Jahren in der Debatte auf und spiegeln den zunehmend wirtschaftlich geprägten Diskurs in den neoliberalisierten Städten wider.

Anknüpfungspunkte für eine kritische Praxis

Ungeachtet aller berechtigter Kritik, ist es Alinskys Verdienst, konfrontative Aktionen zur Durchsetzung politischer Ziele salonfähig gemacht zu haben. Seine Organisationen – wenn auch nicht als erste in der Geschichte des Community Organizings – unterstrichen die Notwendigkeit einer demokratischen und transparenten Struktur für die politische Arbeit. Auch für revolutionäre Community-Organisationen ist es entscheidend, demokratische Strukturen aufzubauen, sich selbst und ihre Basis weiterzubilden und so immer neue Organizer_innen hervorzubringen. Die Erfolge von Alinskys Organisationen haben gezeigt, dass das Zusammenkommen und die gemeinsame Organisierung von Menschen die Grundlage jeder politischen und sozialen Veränderung ist.

Es ist eine Ironie der Geschichte, dass der Verdienst, die aus den Kämpfen der Arbeiterbewegung stammenden konfrontativen Taktiken verschriftlicht und dadurch auch systematisiert zu haben, dem liberalen Organizer Alinsky zusteht. Die konfrontative Ausrichtung hatte in seinen Augen auch den Effekt, dass sich Menschen immer wieder die existierende Ungerechtigkeit bewusst machen und sich dagegen wehren.

Doch auch ein kooperativer Ansatz des Community Organizings kann die Lebensbedingungen der einkommensschwachen Bevölkerung verbessern. In diesen Fällen agieren Organisationen auf Nachbarschaftsebene als »Verlängerung des Staates« (Shragge 2003: 57) und korrigieren die Schwerpunktsetzung der Stadt- und Sozialpolitik. Wenn durch entsprechende Organisationen dann Ressourcen für soziale Infrastrukturprojekte (Nahverkehr, Essen, Kinderbetreuung, medizinische Versorgung, sozialer Wohnungsbau etc.) auf marginalisierte Bevölkerungsteile umverteilt oder die rechtlichen Rahmenbedingungen beispielsweise entsprechend der Bedürfnisse von People of Color verändert werden, ist dies ein Erfolg. Auch ist es Organisationen aus der Tradition des CED vereinzelt gelungen, solidarische Formen der Ökonomie aufzubauen, die über kapitalistisches Wirtschaften hinausweisen (Shragge 2003: 127f.).

Die nachfolgend formulierte Kritik am kooperativen Community Organizing-Modell soll daher nicht als blinde Kritik an Organisierungsansätzen verstanden werden, die auf direkte Konfrontationen verzichten. Wie die kritischen Wissenschaftler_innen James DeFilippis und Susan Saegert richtig feststellen, werden Nachbarschaften *immer* weiter entwickelt, »die Frage ist nur wie« (DeFilippis/Saegert 2008: 1). Gerade feministische Community Organizing-Projekte oder die Black Panther Party haben gezeigt, dass revolutionäres Community Development durchaus möglich ist (Stall/Stoecker 2008; Warren-White 2007: 63). Entscheidend ist jedoch, dass politische Basisarbeit ohne organisationsübergreifende und praktische Solidarität und ohne eine kritische Analyse und ohne grundsätzliche Opposition zu den Herrschaftsverhältnissen zahnlos bleibt. Community Development-Projekte die diese weiteren drei Eckpunkte des transformativen Community Organizings nicht teilen, stehen den Einbindungsversuchen und der Repression durch die Regierenden sowohl analytisch als auch organisatorisch hilflos gegenüber (Stoecker/Stall 1996).

Saul Alinsky – begrenzt, staatstragend, gescheitert

Trotz einer vielfachen, oft unkritischen Bezugnahme auf Saul Alinsky als Vordenker des Community Organizing haben einige kritische Wissenschaftler_innen und Aktivist_innen Kritik an dessen Organisierungsansatz geübt. Fünf problematische Aspekte von Alinskys Theorie und Praxis lassen sich herausarbeiten: die vermeintliche *Anti-Ideologie*, eine *vereinfachte Analyse sozialer Verwerfungen*, die *Beschränkung auf gewinnbare Kämpfe*, die *ausschließliche Konzentration auf die Nachbarschaftsebene* und die *Finanzierung durch Unternehmen, Stiftungen und Kirchen*.

Die häufigste und schärfste Kritik trifft den Pragmatismus, dessen vermeintlich *»anti-ideologischen« Charakter* Alinskys Organisationen unermüdlich betonen. Alinsky selbst antwortete auf Fragen nach seiner Ideologie, dass um die Freiheit zu schützen, »keine Ideologie spezifischer als die der US-amerikanischen Gründungsväter sein sollte: ›Für den allgemeinen Wohlstand‹« (1971: 4). Alinsky missbilligte die enge Verbindung zwischen revolutionärer Veränderung und Kommunismus. Sein Community Organizing-Ansatz sollte Revolutionen ermöglichen, die weder kommunistisch noch kapitalistisch motiviert seien (ebd.: 9f.).

Als Sohn einer jüdischen Arbeiterfamilie hatte Alinsky zwar klare Wertvorstellungen, aber er machte diese nicht zum Teil seines Organisierungsansatzes. Er ging davon aus, dass seine Organisationen sich von selbst anti-faschistisch und anti-rassistisch positionieren würden, wenn man sie nicht von vornherein mit politischen Positionen belastete. Entsprechend dieser Überzeugung prägte er eine »ultrapragmatische und letztlich populistische Linie« (Warren-White 2007: 60) des Community Organizings.

Durch die dogmatische Weigerung, klare Wertvorstellungen zu formulieren und zu verfolgen, haben seine Organisationen – vor allem die prominenten Chicagoer Beispiele des Back of the Yards Neighborhood Council (BYNC) und The Woodlawn Organization (TWO) – sich letztlich zu konservativen Akteurinnen entwickelt. Denn Alinskys anti-ideologischer Populismus verkannte, dass es nicht-ideologisches Organizing gar nicht geben kann. Stattdessen werden auf diese Weise die eigenen politischen Positionen verschleiert: »Egal was manche Organizer_innen sagen mögen, die Organisierung der Nachbarschaft ist immer ein politischer Akt und hat politische Konsequenzen« (Fisher 1994: 30). In der alltäglichen Praxis treffen liberale Community-Organisationen eindeutig ideologisch aufgeladene Entscheidungen. Sie entscheiden sich, die kapitalistische Organisation von Wohnraum und Arbeit, imperialistische Kriege, rassistische Institutionen, patriarchale Strukturen oder ausbeuterische Arbeitsbedingungen *nicht* zu thematisieren.

Auf diese Weise haben Alinskys Organisationen die gesellschaftlichen Widersprüche, die ihre Nachbarschaften prägten, bei ihrer politischen Arbeit ignoriert. Der BYNC hat in seiner Anfangszeit viele Erfolge durch konfrontative Aktionen erzielen können, sich aber in den 1950er Jahren zu einer »rassistischen und konservativen Schutzorganisation der Nachbarschaft« (Fisher 1994: 62) entwickelt. Denn die verschiedenen *weißen* Minderheiten des Stadtteils Back of the Yards haben sich im Laufe der 1950er Jahre immer stärker rassistisch gegen die afro-amerikanische Bevölkerung positioniert und sich mit Hilfe des BYNC auch gegen sie organisiert. Dieser Entwicklung hatte der BYNC aufgrund seiner »anti-ideologischen« Strategie nichts entgegen zu setzen.

Ähnliches gilt für TWO, die sich von einer konfrontativen Nachbarschaftsorganisation zu einem unkritischen Unternehmen im Stadtteil entwickelte. Dank ihrer vermeintlich „anti-ideologischen" Ausrichtung konnte TWO in den 1960er Jahren den Kauf eines Supermarkts, Angebote aktivierenden

Jobtrainings oder den Aufbau eines Trainings- und Gesundheitszentrums als Weiterführung ihres Organisierungsansatzes darstellen. Durch die Entscheidung kommerzielle Dienstleistungen anzubieten, so der kritische Stadtforscher Manuell Castells, habe sich TWO von den Bedürfnissen eines Großteils der Nachbarschaft entfernt und sei zu einem normalen Unternehmen geworden (Castells 1983: 64). Der Höhepunkt dieser Entwicklung war der Abriss von 2.000 Wohnungen im unteren Preissegment, an deren Stelle 762 Wohnungen für die Mittelschicht errichtet wurden. Mit dieser unkritischen Beteiligung an Aufwertung und Verdrängung im Stadtteil hatte sich TWO endgültig für emanzipatorische Kämpfe disqualifiziert.

Die Kehrseite dieser »anti-ideologischen« Ausrichtung ist die Behauptung eines *gemeinsamen Interesses*. Liberale Community-Organisationen sind überzeugt, dass zu den dringendsten Problemen in der Nachbarschaft ein Konsens erreicht werden kann. Doch einkommensarme und reiche Menschen, Vertreter_innen der *weißen* Mehrheitsgesellschaft und People of Color, Frauen und Männer, Arbeit_innen und Manager_innen, Ladenbesitzer_innen und Konsument_innen, Mieter_innen und Vermieter_innen haben oft verschiedene Anliegen und entgegengesetzte Bedürfnisse. Um dennoch einen Konsens zu erreichen und vorhandene Konflikte aus der Stadtteilpolitik auszuklammern, de-politisieren liberale Community-Organisationen zweifach: Zum einen, indem sie das Märchen der Anti-Ideologie predigen, und zum anderen durch die Erfindung einer *einheitlichen* Community und eines dazugehörigen *gemeinsamen Interesses*.

Aus den Behauptungen anti-ideologischer Organisierungsarbeit und einheitlicher Nachbarschaften ergibt sich der klare Auftrag, dass alle Akteure in der Community Verantwortung für das gemeinsame Interesse der Community übernehmen. Ein gemeinsames Ziel kann ein eher nebensächliches Problem sein, z.B. die Begrünung von Gehwegen. Es kann aber auch abstraktere Konzepte wie Fortschritt oder Wachstum auf die Nachbarschaft übertragen, damit diese sich durch gemeinschaftliche Anstrengungen von vermeintlichen »Blockaden« befreit. Durch die Konstruktion eines gemeinsamen Interesses ist es den Community-Organisationen möglich, ursprünglich gegensätzliche Positionen bei der Bearbeitung des Problems aneinander anzupassen.

Bewohner_innen eines Stadtteils sollen sich demnach nicht über ihre gesellschaftliche Position oder ihre Erfahrungen mit Unterdrückung und Diskriminierung definieren, sondern als eine widerspruchsfreie Gemeinschaft. In dieser »einheitlichen« Community müssen sie dann für das gemeinsame Vorankommen sorgen. Eine so gedachte Community bietet die perfekte Ergänzung zum Mythos der Anti-Ideologie. In einer Nachbarschaft ohne Widersprüche können Diskussionen geführt und konsensuelle Entscheidungen getroffen werden, ohne an den bestehenden Herrschaftsverhältnissen zu rühren. Ein

Organisationsprozess unter diesen Vorzeichen führt dazu, dass nur Anliegen durchsetzungsstarker Gruppen angegangen werden.

Darüber hinaus hat die Geschichte des BYNC und TWO gezeigt, dass liberale Community-Organisationen analytisch und praktisch nicht in der Lage sind, konkrete Probleme ihrer Basis angemessen zu bearbeiten. Stattdessen de-politisieren sie die Diskussionen und verhindern eine wirkungsvolle Selbstorganisation von Betroffenen. Alinskys Revolutionen bestehen in der Anpassung des nachbarschaftlichen Lebens an vorgegebene und veränderte politische Rahmenbedingungen – eine Anpassung, die das politische System sonst nicht leisten könnte.

Eine direkte Folge von Alinskys eingeschränkter Sicht auf die gesellschaftlichen Strukturen der Community und auf ideologische Fragestellungen ist eine völlig *unzureichende Analyse* alltäglicher Probleme. Alinsky und seine Organisationen zeichnen sich durch unerschütterliches Vertrauen in den Kapitalismus und die bürgerliche Demokratie aus. Armut ist für sie kein systemimmanentes Problem, genauso wie Rassismus und Sexismus für sie keine strukturellen Phänomene darstellen. Vor allem Armut und rassistische Diskriminierungen könnten ihm zufolge überwunden werden, wenn die Betroffenen sich zusammentun und für ihre Belange innerhalb der vorhandenen gesellschaftlichen Mechanismen eintreten. Diese Perspektive hat liberale Community-Organisationen immer wieder zu naivem politischen Handeln bewegt, in der sie den Status quo – also Armut, Diskriminierung, Ausbeutung, Ausgrenzung etc. – eher stützen als ihn in Frage zu stellen (Shragge 2003: 79).

In den 1950er Jahren hatte es Alinsky kategorisch abgelehnt, sich solidarisch auf die Seite der von der US-Regierung verfolgten Kommunist_innen und Gewerkschafter_innen zu schlagen. In den 1960er Jahren, der Hochzeit der Bürgerrechtsbewegung hat er sich von jener distanziert und stattdessen die Partnerschaft mit dem Staat gesucht. Die Lehre, die liberale Community-Organisationen den Menschen der Nachbarschaft vermitteln, gründet auf der Behauptung eines funktionierenden Gesamtsystems, in dem sie selbst lediglich zu wenig Macht hätten.

Alinsky vergisst, dass dem alltäglichen Miteinander im Stadtteil auch tief sitzende Vorurteile und vor allem strukturelle und institutionelle Ungleichheiten und Unterdrückungsmechanismen zu Grunde liegen. Diese bewusst nicht zu thematisieren und darauf zu hoffen, dass sich die eigene Organisation von selbst weiterbildet, ist schlicht ignorant. Wenn von Community-Organisationen ein emanzipatorischer Wandel ausgehen soll, dann braucht es mehr als direkte Aktionen. Die Bewohner_innen der Stadtteile, Aktivist_innen und Organizer_innen müssen sich aktiv mit existierenden Widersprüchen auseinandersetzen, um im politischen Alltag nicht in rassistische und konservative Muster zu verfallen (Fisher 1994: 65).

Genau dies ist jedoch bei vielen liberalen Community-Organisationen in den 1950er und 1960er Jahren passiert. Sie waren oft nicht nur »undemokratisch und ineffektiv bei der Bearbeitung ökonomischer Probleme, sie konnten [auch] reaktionäre und rassistische Formen annehmen« (ebd.). In einer vergleichende Analyse empirischer Untersuchungen zu Alinskys Organisationen nennt Castells weitere Beispiele aus New York und Chicago bei denen sich rassistische Tendenzen durchsetzten (Castells 1983: 63).

Eric Shragge weist auf einen weiteren Aspekt der »anti-ideologischen« Blindheit liberalen Community Organizings hin. Alinskys überhöhte die Rolle des Organizers maßlos und zementierte dieses so entstandene innerorganisatorische Machtverhältnis durch sein eigenes »hartes Macho-Image« (Shragge 2003: 80). Seine Organisationen verfolgten einen gesellschaftlichen Veränderungsprozess, der durch starke, leistungsfähige, *weiße* Männer vorangetrieben werden sollte (ebd.: 81). Entsprechend war das (Selbst-)Bild dieser Organisationen »traditionell maskulin – groß, stark und konfrontativ« (Stall/Stoecker 2008: 245). Das Ziel, dass sich die Organizer_innen im Laufe der Zeit aus der Organisation zurückziehen und ihre Arbeit einer funktionierenden Selbstverwaltung übertragen sollten, wurde durch Alinskys Persönlichkeit, durch seine starke Betonung von Männlichkeit und seine harten Leistungsanforderungen untergraben. Wenn die zerstörerischen Elemente männlicher Identität zur Grundlage von Basisorganisation werden, muss dieser Ansatz als reaktionär zurückgewiesen werden.

Liberale Community-Organisationen führen nur Kämpfe, die sie *gewinnen können*. Sie halten so dogmatisch an dieser Vorgabe fest, dass ihre Kampagnen kaum utopische Leuchtkraft entwickeln und entsprechend nur begrenzte gesellschaftliche Veränderungen bewirken. Shragge nennt diese Taktik »kontrollierte Veränderung innerhalb vorgegebener Grenzen« (Shragge 2003: 79). Diese politische Selbstbegrenzung hat zur Folge, dass Alinskys Organisationen weder ihre materiellen Forderungen durchsetzen, noch aus einer Logik des reinen Dienstleistungsunternehmens ausbrechen konnten. Castells hat in seiner Untersuchung der TWO und ihrer Organisierungsarbeit in den 1960er Jahren gezeigt, dass es mit Alinskys Ansatz nicht gelingt, den Bewohner_innen der Nachbarschaft ein größeres Maß an Selbstbestimmung und Einflussnahme auf die Entwicklungen im Stadtteil zu verschaffen. Mitglieder der Organisationen seien stattdessen zunehmend verdrossen und weniger motiviert gewesen, Ungerechtigkeiten direkt anzugehen (Castells 1983: 64). Der liberale Grundsatz, nur gewinnbare Kämpfe zu führen, heißt in der Praxis oft auf Opposition zu den herrschenden Verhältnissen zu verzichten. Und Emanzipation ist ohne eine Herausforderung der Herrschaftsverhältnisse nicht zu haben.

Liberale Community-Organisationen igeln sich in ihrem *Stadtteil* ein. Sie lehnen es ab, Politik über die Nachbarschaft hinaus zu betreiben und vermindern so die ohnehin schon geringe Reichweite ihrer Politik. Sie gehen keine Bündnisse mit anderen Organisationen ein, was nicht zuletzt zur rassistischen Politik des BYNC geführt hat. Die ausschließliche Konzentration auf die eigene Organisation und den eigenen Stadtteil führt dazu, dass »die Möglichkeit, Opposition aufzubauen, von vornherein stark begrenzt ist« (Shragge 2003: 79). Alinsky selbst hat sich in seiner Community Organizing-Strategie von sozialen Bewegungen distanziert und gleichzeitig durch konfrontative Aktionsformen sein radikales Image gepflegt. Durch seine Selbstinszenierung als Revolutionär hat er ein Organisations- und Identifikationsangebot für Aktivist_innen geschaffen, das politisches Engagement von gesamtgesellschaftlichen Fragestellungen trennt. Folgerichtig haben Alinskys Organisationen selten für strukturelle Veränderungen gekämpft und waren nie Teil umfassender sozialer Bewegungen. Eric Mann zufolge setzt sich diese Kritik an der Selbstbegrenzung auf gewinnbare Kämpfe innerhalb des Stadtteils langsam durch, so dass sich immer mehr Organizer_innen vom liberalen Ansatz ab- und dem transformativen Ansatz zuwenden:

> Ich habe mit hunderten an Einzelkonflikten orientierten Organizer_innen gesprochen, die das Gefühl haben, dass ihr Ansatz, die Probleme einzeln zu bearbeiten, zu Isolation, Ineffektivität und einem Gefühl der Entfremdung geführt hat. Dieser Ansatz war durch den Wunsch motiviert, die Reichweite ihrer Forderungen zu begrenzen, um ›irgendetwas‹ zu gewinnen (Mann 2011: xx).

Schließlich lehnten sich Alinskys Community-Organisationen nicht nur in ihrer praktischen politischen Arbeit, sondern vor allem auch bei ihrer Finanzierung an die lokalen Machtstrukturen an. Ihre *finanzielle Abhängigkeit* führt dazu, dass große Kirchengemeinden, Stiftungen oder Unternehmen Einfluss auf die Politik der Organisationen gewannen und diese nach und nach kontrollierten. Ein Beispiel dafür ist erneut der BYNC, der im Laufe der 1950er Jahre die rassistische Einstellung der katholischen Kirche im Stadtteil reproduziert hat. Und natürlich können sich nur diejenigen Stadtteile liberale Organisationen leisten, die das Geld dafür haben (Castells 1983: 62). Organisierungsansätze, die die Zahlungsfähigkeit der Bewohner_innen bzw. der lokalen Eliten zur Vorbedingung demokratischer Basisorganisation machen, scheinen wenig geeignet, einen transformativen gesellschaftlichen Wandel herbeizuführen.

Community Development – Partnerschaften der Verdrängung

Spätestens mit dem Community Action Programm in den 1960er Jahren öffnete sich das politische System für eine begrenzte Mitsprache der einkommensarmen Bevölkerung im politischen Prozess. Die US-amerikanische Regierung war damals wie heute jedoch »nicht gewillt, den Menschen Einfluss zu verschaffen« (Fisher 1994: 130). Unter dem Vorzeichen dieser vorsichtigen

Öffnung wandten sich viele Nachbarschaftsorganisationen von ihrer Konfliktorientierung ab und entwickelten sich schließlich zu handzahmen Partnerinnen der unternehmerischen Stadtentwicklung. Seit den 1980er Jahren bedeutet liberales Community Organizing fast ausschließlich partnerschaftliche Aufwertung von Stadtteilen.

Diese auf Nachbarschaftsentwicklung ausgerichtete Traditionslinie des Community Organizings verbindet die Social Settlements und die Community Center um die Wende zum 20. Jahrhundert mit der Idee des Community Development in den 1970er Jahren. Noch heute sind diese frühen Ansätze der Nachbarschaftsentwicklung wichtige Bezugspunkte liberalen Community Organizings. Der links-liberale US-amerikanische Soziologe Richard Sennett beschreibt die Idee der Social Settlements als Hoffnung, dass aus Ungezwungenheit Solidarität und aus Solidarität »eine Erfahrung geselligen Lebens« (Sennett 2012: 79) wird.

> Der Gemeinwesenarbeiter hatte und hat die Aufgabe, Menschen aus ärmeren Schichten, die sich paralysiert fühlen, zu motivieren, ob es sich nun um Ausländer oder einfach Verlierer im kapitalistischen Spiel handelt. Um die Menschen aus ihrer Passivität zu holen, muss der Gemeinwesenarbeiter sich auf die unmittelbaren Erfahrungen konzentrieren, statt zum Beispiel die Übel des Kapitalismus anzuprangern, denn dieses Bild verstärkt eher noch das Gefühl, dass es keinen Sinn habe, sich zu engagieren (ebd.: 78f.).

In den Social Settlements wurde die Kritik gesellschaftlicher Herrschaftsverhältnisse nicht nur versäumt, sondern bewusst ausgeblendet und durch die Hoffnung auf eine ermächtigende Wirkung gemeinschaftlichen Zusammenlebens ersetzt. Hinter dieser Begeisterung für das zwanghaft Unpolitische liegt blinder Glaube an ein nachbarschaftliches Glücksversprechen. Sennett gibt zu, dass es »ungewiss« (ebd.: 80) sei, ob sich aus dieser unpolitischen Organisierung eine Bewegung hätte entwickeln können. Sie tat es nicht – auch weil, wie er feststellt, die Settlements sich inmitten einer dynamischen Arbeiterbewegung »weigerten, Zentren der Revolte zu werden« (ebd.). Sennett erkennt die Orientierungs- und Richtungslosigkeit als mögliche Ursache für das schließliche Scheitern der Settlements, will aber ihre Arbeit nicht schmälern. Die Menschen in den Armenvierteln arbeiteten 16 Stunden, wohnten in verschimmelten und überfüllten Wohnungen, und mussten ohne Renten-, Arbeitslosen- oder Krankenversicherung auskommen. Sollten sie darüber glücklich sein, dass liberale Community-Organisationen ihnen eine Perspektive nachbarschaftlicher Gemeinschaftsbildung boten, die ihre alltäglichen Zumutungen de-politisierte und verdeckte? Durch ihre Selbstbegrenzung auf Gemeinschaftsbildung und Hilfsleistungen haben Social Settlements »die Lebensbedingungen in den Ghettos nicht sichtbar verbessert, die Macht der Bewohner_innen nicht gesteigert und auch nichts an den elitären und parteiischen Praktiken der Armenhilfe verändert« (Fisher 1994: 9). Sie waren Teil des Problems und nicht der Lösung.

Der entscheidende Grund für ihr Scheitern ist, dass weder die Social Settlements, noch die Community Center grundsätzliche politische Fragen stellten. Sie bieten noch weniger als Alinskys Ansatz einen Bezugspunkt für aktuelle Kämpfe, denn dieser verortete die Ursachen für die schlechten Lebens- und Arbeitsbedingungen wenigstens in der ungleichen lokalen Machtverteilung. Social Settlements und nachfolgende Formen des Community Developments setzten stattdessen am individuellen Verhalten der Betroffenen an. Ihre Antwort auf die heftigen Konflikte der neuen kapitalistischen Epoche war die Kontrolle der Armen. Dieser Ansatz, eine kritische Reflexion der ökonomischen Verhältnisse aus der Community Organizing-Praxis auszuklammern und stattdessen auf Anpassung und Aktivierung der Einzelnen zu setzen, hält sich bis heute.

Diese Tradition des Community Developments setzte sich in den 1970er Jahren als dominante Form des Community Organizings durch (Shragge 2003: 107). Die Verschiebung von konfrontativen zu kooperativen Organisierungsansätzen ist ein Spiegelbild der massiven Verschiebung gesellschaftlicher Kräfteverhältnisse nach rechts, die sich in der Wahl Ronald Reagans 1980 manifestierte. Noch heute sehen liberale Community-Organisationen die Lösung nachbarschaftlicher Probleme in einer kooperativen und an Wachstum ausgerichteten Stadtpolitik. Sie unterstellen ein gemeinsames Interesse zwischen einkommensschwachen und wirtschaftlich privilegierten Menschen in Fragen der Aufwertung.

Aus dieser politisch bewusst gesetzten falschen Annahme folgt, dass Organisationen nach dem Modell des Community Development mit allen Akteuren im Stadtteil zusammenarbeiten, die ihre Analyse und die kooperative Praxis teilen. Entsprechend beteiligen sich die Organisationen der Nachbarschaftsentwicklung an der Herausbildung eines neoliberalen Blocks auf Nachbarschaftsebene, innerhalb dessen sie mit staatlichen Institutionen und privaten Investor_innen zusammenarbeiteten, um die Städte im globalen Wettbewerb besser zu positionieren. Der Widerspruch zwischen lokaler Demokratie und globaler Ökonomie wird ausgeblendet, oppositionelle Positionen im Prozess der Stadtentwicklung werden aufgegeben. Doch es ist »kurzsichtig, dort einen Konsens zu vermuten, wo Unterdrückung und tiefe Klassenwidersprüche zurückbleiben. Dissens ist ein wichtiges Element demokratischer Kultur. Konflikt ist ein wichtiges Mittel politischer Bildung« (Fisher 1994: 190).

Dennoch inszenieren auch viele deutschsprachige Autor_innen diese Form der Nachbarschaftsentwicklung als Instrument gesellschaftlicher Demokratisierung (Huber 2010; Penta 2007; Szynka 2011). Dem muss klar widersprochen werden. Community Development will Menschen organisieren, die schon organisiert, gesellschaftlich besser gestellt und deren Inhalte und Forderungen bereits Teil der herrschenden Politik sind. Es geht Community Development nicht darum, Menschen einer Nachbarschaft in einen demokratischen Prozess einzubinden. In der Praxis gibt es viel Beteiligung, aber wenig Entscheidungsmöglichkeiten, denn die Grundsätze und Ziele der Organisationen sind von Beginn an auf die herrschende Politik festgelegt. Community-Organisationen fungieren als vermittelnde Instanz zwischen Bewohner_innen eines Stadtteils und der hegemonialen Stadtpolitik. Sie »unterstützen bestehende Machtstrukturen und stoßen einen nachbarschaftlichen Prozess an, der möglicherweise begrenzte Verbesserungen hervorbringt, aber keinen umfangreichen gesellschaftlichen Wandel« (Shragge 2003: 66).

Historische Ursprünge revolutionären Community Organizings

Die Auseinandersetzung mit den theoretischen Grundlagen und der US-amerikanischen Geschichte liberalen Community-Organizings hat gezeigt, dass es zu keiner Zeit adäquate Antworten auf die entscheidenden gesellschaftlichen Fragen und Konflikte hatte. Organisationen, die diesem Ansatz folgten, konnten weder inhaltliche noch strategische Angebote machen, die zu einer Überwindung der gesellschaftlichen Probleme geführt haben. Genau dieser Anspruch ist es aber, der eine Vielzahl von Ansätzen transformativen Community Organizings verbindet. Diese können auf eine ebenso lange Geschichte zurückblicken.

Die Umsetzung dieses Anspruchs bedeutet viel kleinteilige und zeitintensive Arbeit. Transformatives Community Organizing ist immer auch ein Experiment. Ein transformativer Anspruch kann trotz bester Ideen unerfüllt bleiben. Die historischen Beispiele in diesem Kapitel zeigen mittelfristig erfolgreiche, aber langfristig gescheiterte Organisationen. Dieses Scheitern sollte beim Lesen im Hinterkopf bleiben, um die dargestellten Beispiele nicht romantisch zu überhöhen, sondern sie in einen sich durch Selbstreflexion weiterentwickelnden Prozess des Widerstands einzuordnen.

Das in diesem Kapitel skizzierte transformative Community Organizing entwickelte sich über mehr als 100 Jahre entlang der großen gesellschaftlichen Widersprüche und Krisen ihrer Zeit. Die ausgewählten Organisationen hatten es mit sich verändernden Gegebenheiten zu tun, die jeweils eigene Fragen produzierten und sie mit unterschiedlichen Anforderungen konfrontierten. Dieses Kapitel soll die historischen Erfahrungen des organisierten Widerstands gegen die herrschenden Verhältnisse nachzeichnen. Es ist eine wichtige Aufgabe sozialer Bewegungen, die vielen Erfahrungen aus ihrer Geschichte zu bewahren und zugänglich zu machen. Geschieht dies nicht, laufen politische Konzepte Gefahr, für die Stabilisierung der gesellschaftlichen Verhältnisse vereinnahmt zu werden.

Die ausgewählten Beispiele sind nicht die einzigen, die eine revolutionäre nachbarschaftliche Organisierung angestrebt haben. Sie waren aber die jeweils ersten Organisationen, die in ihrer Zeit spezifische Elemente des Community Organizings in die Praxis umsetzten und damit zeitweise sehr erfolgreich waren. Ihre Unzulänglichkeiten und schließlich ihre Niederlagen zeigen aber auch, dass es keine Blaupause für den Aufbau durchsetzungsstarker Nachbarschaftsorganisationen gibt.

Knights of Labor (1880er)

Die Knights of Labor (KoL) waren die erste Gewerkschaft, die Männer und Frauen, Schwarze und Weiße, unqualifizierte und qualifizierte Arbeiter_innen gemeinsam organisierte. Im Jahr 1884 konnten die KoL ihre ersten beachtlichen Erfolge verbuchen. Nach nur wenigen Jahren erfolgreichen Organizings zerfielen die KoL aufgrund massiver Repression, aber auch wegen organisatorischer Unzulänglichkeiten. Ihre Tradition setzen andere Gewerkschaften fort, unter anderem die *American Railway Union (ARU)*, die *International Workers of the World (IWW)* oder der gewerkschaftlichen Dachverband *Congress of Organizations (CIO)*. Auch die *Arbeitslosenräte* der *Kommunistischen Partei der USA (CPUSA)* wurden von den KoL inspiriert.

Was aber hat die politische Praxis der KoL mit Community Organizing zu tun? Die KoL war zu Beginn ihrer Geschichte in den 1870er Jahren eine konspirative, im Untergrund agierende Gewerkschaft. In den 1880er Jahren wandelten sie sich zu einer regulären Gewerkschaft, die ihren organisatorischen Fokus auf die Nachbarschaft richtete. Die Entscheidung für einen nachbarschaftlichen Organisierungsansatz beinhaltete auch, dass die KoL im Gegensatz zu existierenden Gewerkschaften ihre revolutionäre Perspektive aus einer »Idee der Solidarität unter Arbeiter_innen, egal ob weiß oder schwarz, qualifiziert oder unqualifiziert, Mann oder Frau« (Brecher 1972: 28) entwickelte. Eine zentrale Figur der KoL, Terence Powderly, war davon überzeugt, dass die Lebensbedingungen der Arbeiterklasse nur verbessert werden können, wenn die Verhältnisse für alle verbessert werden. In der Frage, wer die Basis gewerkschaftlicher Politik ist, unterschied sich die KoL ebenso von der restlichen gewerkschaftlichen Bewegung ihrer Zeit wie in ihrer Ablehnung des kapitalistischen Lohnsystems (Warren-White 2007: 51).

Angetrieben durch einzelne Streikerfolge bei Eisenbahnunternehmen formierten sich schnell tausende lokale KoL-Versammlungen. Die inzwischen US-weite Gewerkschaft unterstützte die Organisation lokaler Einheiten finanziell und durch die Entsendung von Organizer_innen. Sie organisierten die Menschen in den Stadtteilen oder Landkreisen, nicht nach Betriebszugehörigkeit.

Darüber hinaus waren die KoL, die 1886 landesweit über 800.000 Mitglieder zählte, in der Lage konkrete Erfolge durch direkte Aktionen wie Streiks und Blockaden zu erzielen. Für Millionen Arbeiter_innen wurden die Arbeitsstunden reduziert, der Lohn angehoben und die Rahmenbedingungen des Arbeitsalltages verbessert. Die konfrontative Praxis der KoL führte entweder zum Einlenken der herrschenden Klasse oder zu immenser Gewalt gegen die Protestierenden. Neben der von außen kommenden Repression hatte die KoL aber auch interne Schwierigkeiten. Viele einflussreiche Personen, insbesondere Powderly, wollten lange Zeit Streiks mit aller Macht verhindern und stattdessen Arbeiterkollektive aufbauen. Da die lokalen Versammlungen der KoL in ihrer internen Entscheidungsfindung relativ autonom waren, wurden entsprechende Vorgaben von oben fast immer ignoriert. Dennoch schwächte die Uneinigkeit über die gemeinsame Strategie innerhalb der KoL deren politische Kraft.

Die Erfahrungen der KoL waren ein wichtiger Schritt für die Entwicklung einer revolutionären politischen Praxis in den US-amerikanischen Nachbarschaften. Der Aufbau lokaler und möglichst demokratischer Organisationsstrukturen sowie die inhaltliche Auseinandersetzung mit verschiedenen Formen von Unterdrückung waren entscheidend für den Erfolg der KoL und begründeten ihren Einfluss auf spätere Community Organizing-Projekte. Noch immer sind direkte Aktionen zur Durchsetzung von Forderungen, eine grundsätzliche Analyse und Kritik der Klassengesellschaft, dynamische lokale Organisationen und ein landesweiter Organisationszusammenhang Elemente revolutionären Community Organizings (Warren-White 2007: 51f).

Aufstand der Arbeitslosen (1930er)

Die US-amerikanische Gesellschaft wurde zu Beginn der 1930er Jahre von der bis dahin heftigsten Wirtschaftskrise getroffen. In der Hochzeit der Krise lag die Arbeitslosenquote mit bis zu 17 Millionen Erwerbslosen bei knapp 30%, ohne dass sozialstaatliche Programme ausreichend Hilfe boten. Die *Kommunistische Partei der USA (CPUSA)*, sozialistische Initiativen und progressive Gewerkschaften wie die *Conference for Progressive Labor Action (CPLA)* richteten ihren politischen Fokus daher auf das Thema Arbeitslosigkeit. Es entstanden zwei bedeutende Organisationen, die *Unemployment Councils (UC, Arbeitslosenrat)* der CPUSA und die *Unemployment Leagues (UL, Arbeitslosenbund)* der CPLA. Beide waren sich in ihrer Struktur sehr ähnlich. In der Praxis waren die Arbeitslosenräte wesentlich häufiger vertreten und politisch wirkungsvoller.

Beide Arbeitslosenorganisationen knüpften mit ihrer politischen Analyse und Praxis an die militante Arbeiterbewegung an. Sie waren sich bewusst, dass

Arbeitslosigkeit und die vorherrschenden katastrophalen Arbeitsbedingungen nicht alleine durch Reformen innerhalb des kapitalistischen Systems behoben werden konnten. Zudem integrierten sie eine strukturelle Analyse des US-amerikanischen Rassismus in ihre Form des Community Organizings. Sie initiierten einen organisationsinternen Prozess, der die kontinuierliche Auseinandersetzung mit den verschiedenen Formen von Unterdrückung sicherstellen sollte (Folsom 1991: 351).

In der Folge organisierten die Arbeitslosenräte nicht nur direkte Aktionen für die Auszahlung der Armenhilfe[9] oder gegen Räumungen, sondern auch gegen die Lynchjustiz an Afro-Amerikaner_innen – die brutalste Form des rassistischen Status quo. In Harlem, New York, war der Kampf gegen Lynchjustiz die wichtigste Kampagne des lokalen Arbeitslosenrates, in deren Rahmen fast wöchentlich Treffen stattfanden. Daneben avancierte eine Kampagne gegen die italienische Militärinvasion in Äthiopien, dem zu dieser Zeit einzigen unabhängigen afrikanischen Staat, zu einem wichtigen Thema des Arbeitslosenrates in Harlem. Dieser war überzeugt, dass anti-rassistische Politik und Solidarität über die Stadtgrenzen hinaus elementarer Teil ihrer Organisierungsarbeit sein musste (Fisher 1994: 46).

Diese thematische Schwerpunktsetzung war möglich, weil die Arbeitslosenräte – entgegen der üblichen Praxis innerhalb der CPUSA – von unten, also von der Basis aus geführt wurden (Fisher 1994: 42). In jedem organisierten Straßenzug in den größeren und kleineren Städten gab es regelmäßige Vollversammlungen, auf denen die Nachbarschaften über ihre Aktionen selber entschieden. Alle Probleme, die auf dieser Ebene bearbeitet werden konnten, wie die Auszahlung der Armenhilfe zu erzwingen oder Räumungen zu verhindern, wurden hier organisiert. Für Themen, die über den Straßenzug hinausgingen, wählten die Vollversammlungen Vertreter_innen (*block committee*) die zu den Arbeitslosenräten des Stadtteils (*Neighborhood Unemployment Council*) entsandt wurden. Dort waren auch befreundete Organisationen vertreten, wie zum Beispiel progressive Gewerkschaften. Diese Arbeitslosenräte wählten Delegierte in überregionale Arbeitslosenräte oder in den bundesweiten *Arbeitslosenrat der USA*. Auf diese Art wurde versucht, lokale Autonomie mit einer Struktur zu verbinden, die überregional politisch agieren konnte (Folsom 1991: 265f.).

Gerade die lokale Autonomie ermöglichte es den Organizer_innen, die allgegenwärtige Wut auf der Straße aufzunehmen und ihr politisch eine Richtung zu weisen. Die CPUSA und die CPLA schickten Organizer_innen in die Nachbarschaften, in denen sie sich auskannten. Wenn dies nicht möglich war, wurden ihnen Kontakte vermittelt, die über die sozialen und kulturellen Eigenheiten des Stadtteils informiert waren. Dort erkundigten sie sich aktiv nach

9 Anders als heute war die Zahlung von Hilfsleistungen kein rechtlich festgeschriebener Anspruch, sondern eine Wohltätigkeitsleistung.

aktuellen Problemen, wie die afro-amerikanische Organizerin Hosea Hudson aus Birmingham/Alabama schildert:

> Wir waren immer unterwegs. Wir haben nicht gewartet bis Leute zu uns kommen, weil sie ihre Essensmarken oder ihre Kohlenlieferung nicht bekommen haben. Wir sind rumgelaufen und haben geschaut, wie die Umstände sind (Hudson, zit.n. Folsom 1991: 262).

Nachdem die Organizer_innen ein bestimmtes Problem erkannt hatten, luden sie die betroffenen Menschen und ihre Nachbar_innen zur Diskussion ein. Auf diesen Treffen wurde entschieden, wie mit der Situation umgegangen werden sollte. Eine Organizerin erinnert sich an das erste Treffen eines Arbeitslosenrates in Chicago:

> Wir haben verständlich geredet, die Plattform, unsere Forderungen und die Aktivitäten des Arbeitslosenrates erklärt. Dann haben wir gesagt: ›Gibt es irgendwelche Fragen?‹ … Endlich ist ein älterer schwarzer Mann aufgestanden und hat gesagt: ›Was denkt ihr sollten wir wegen der farbigen Familie unternehmen, die heute aus ihrem Haus geschmissen wurde? Sie stehen immer noch da draußen mit ihren Möbeln auf dem Gehweg.‹ Der Mann mit dem ich gekommen war, sagte: ›Ganz einfach, wir vertagen das Treffen, gehen rüber und bringen die Möbel zurück ins Haus. Danach kann jeder, der dem Arbeitslosenrat beitreten und eine Organisation aufbauen will, die Räumungen bekämpft, in diese Halle zurückkommen und noch ein wenig darüber reden.‹ Das haben wir gemacht. Jeder hat geholfen, bis aufs letzte Möbelstück alles zurück ins Haus zu tragen, die Betten zu reparieren etc. … Als wir fertig waren, sind wir zurück zur Halle gegangen. Die Halle ist aus allen Nähten geplatzt (Ellis 1988: 18f.).

Die Menschen wurden am Ende jedes Treffens gefragt, ob sie Mitglied im Arbeitslosenrat werden wollten. Dies bedurfte nur einer Unterschrift, Gebühren wurden keine erhoben. Der Anspruch, die Menschen nicht nur für kurzfristige politische Kampagnen zu mobilisieren, sondern ihre Bedürfnisse und Nöte ernst zu nehmen und sie für einen langfristigen Kampf zu organisieren, sicherte den Arbeitslosenorganisationen einen festen Kern aktiver Mitglieder. Die Arbeitslosenräte wurden zu »echten Organisationen der Nachbarschaft« (Fisher 1994: 42). In den Arbeitslosenorganisationen der CPUSA und der CPLA waren zu ihren besten Zeiten hunderttausende Menschen organisiert (Folsom 1991: 274, 351). Der solidarische Umgang und die Verlässlichkeit der Arbeitslosenorganisationen war für die meisten Beteiligten eine eindrucksvolle Erfahrung:

> Das militante, disziplinierte und ideologische kommunistische Organizing hat den Menschen, die in den Arbeitslosenräten mitgemacht, und wahrscheinlich sogar den Nachbar_innen, die von ihren Fenstern aus zugeschaut haben, Vertrauen und ein Gefühl für die eigene Stärke gegeben, das politische System zu verändern (Fisher 1994: 49).

Die Arbeitslosenorganisationen erreichten zu Beginn der 1930er Jahre materielle Zugeständnisse in einem Ausmaß, dass sie das politische System unumkehrbar veränderten. Die Stadtverwaltung von New York City war im Jahr 1930 die erste, die während der Wirtschaftskrise zur Zahlung von Hilfsleistungen für die Arbeitslosen im Umfang von einer Million Dollar gezwungen wurde. Angesichts der immer stärker werdenden Bewegung hat der Bürgermeister von Chicago, Anton Cermak, 1931 den US-amerikanischen Kongress gedrängt, entweder sofort 150 Millionen Dollar für die landesweite Armenhilfe zur Verfügung zu stellen oder die Armee in die Städte zu schicken. Allein in New York City wurden 1932 77.000 geräumte Wohnungen durch Arbeitslosenräte wiederbesetzt (Folsom 1991: 268ff.), während die Stadt Detroit bereits ein Jahr zuvor aufgrund der massiven Proteste Räumungen komplett aussetzte (Fisher 1994: 44). Viele andere Städte, zum Beispiel Indianapolis und San Francisco, folgten diesem Beispiel.

Direkte Aktionen prägten zu Beginn der 1930er Jahre den Alltag in vielen amerikanischen Städten. Organisierte Arbeitslose erstritten sich Gelder der Armenfürsorge, verhinderten Räumungen, besetzten leerstehende Häuser und unterstützten Streiks von progressiven Gewerkschaften. Auf der anderen Seite forderte die massive Repression gegen die Arbeitslosenorganisationen dutzende Tote und tausende Verhaftungen (Fisher 1994: 41; Folsom 1991: 270). Trotz des polizeilichen und politischen Gegenwinds wurde die Arbeitslosenbewegung stärker und schaltete sich zunehmend in gewerkschaftliche Konflikte ein. Ab 1933/34 nutzten radikale Gewerkschaften die gesellschaftliche Stimmung und kämpften mit Unterstützung der Arbeitslosenorganisationen erfolgreich für eine Reihe von Verbesserungen (Folsom 1991: 352f.). Insbesondere der landesweite Arbeitslosenrat und die radikale Gewerkschaftsbewegung schafften es, den Druck aus den Nachbarschaften und den Betrieben in den Kongress zu tragen.

Angesichts der verschobenen Kräfteverhältnisse sah sich der damalige Präsident Franklin D. Roosevelt 1935 gezwungen, seinen langjährigen Widerstand gegen eine umfangreiche Sozialgesetzgebung aufzugeben und den *Social Security Act* (SSA) zu unterschreiben (Lucia 2010). Sechs Jahre nachdem die CPUSA Arbeitslosenräte ins Leben gerufen hatte, wurden mit diesem auch »New Deal« genannten Gesetzeswerk Altersvorsorge, Arbeitslosenversicherung und Hilfen für benachteiligte Kinder rechtlich festgeschrieben:

> Dieses Gesetz, das in den 1960er noch einmal gestärkt und seit den 1990er Jahren ausgehöhlt wurde, war die krönende Errungenschaft der US-amerikanischen Arbeitslosenbewegung [...]. Neben den materiellen Hilfen für Millionen von Menschen markierte der SSA eine historische Verschiebung

der US-amerikanischen Kultur und des politischen Bewusstseins hin zu dem Gedanken, Arbeitslosenhilfe als gesamtgesellschaftliche Aufgabe zu begreifen (Lucia 2010).

Dennoch hatte das Community Organizing-Modell der CPUSA einige Schwächen. Obwohl die lokalen Arbeitslosenräte eigenständig Entscheidungen trafen, waren sie von der Unterstützung der Partei abhängig. Nach der Verabschiedung des New Deal verschob die Partei den Fokus auf die gewerkschaftliche Bewegung der Arbeitenden und den Aufbau einer Volksfront gegen den Faschismus. Diese Entscheidung war angesichts des aufsteigenden Faschismus und der sinkenden Arbeitslosenzahlen nachvollziehbar, führte jedoch dazu, dass die lokalen Arbeitslosenräte zerfielen und mit ihnen die breite Unterstützung aus den Nachbarschaften erodierte. Auch die mitunter aggressive Agitation gegen andere Organisationsansätze in der Anfangsphase der Arbeitslosenräte, zum Beispiel gegen die sozialistische Partei, war wenig hilfreich beim Aufbau einer breiten sozialen Bewegung (Fisher 1994: 49f.).

Die Arbeiterbewegung profitierte von diesem 1935 eingeleiteten Strategiewechsel der CPUSA, da viele kommunistische Organizer_innen zu Gewerkschaften wechselten, zum Beispiel zum Congress of Industrial Organizations (CIO). Dank der in den Arbeitslosenorganisationen gesammelten Erfahrungen erzielten sie große Erfolge, die Ende der 1930er Jahre auch Saul Alinsky schwer beeindruckten. Das Vermächtnis der Arbeitslosenorganisationen ist es, eine militante Bewegung in den Nachbarschaften aufgebaut zu haben. Dort haben die Bewohner_innen gemeinsam über ihre Belange entschieden und ihre Interessen gegen die herrschende Klasse durchgesetzt. Sie waren in der Lage, spontanen Protest der Bevölkerung zu mobilisieren, zielgenau zu unterstützen und in einen langfristig angelegten Kampf zu überführen. Dieser Kampf war anti-kapitalistisch und anti-rassistisch motiviert und erzielte unmittelbare und konkrete Erfolge: »In den Städten, die ich besucht habe«, schrieb der Journalist C.R. Walker im Jahr 1932, »standen der ökonomische Status von Arbeitslosen und die Höhe der Armenhilfe im direkten Verhältnis zur Stärke der Arbeitslosenräte« (zit. n. Folsom 1991: 276). Die US-amerikanische Arbeitslosenbewegung hob nicht nur die Praxis revolutionären Community Organizings auf eine neue Stufe, sondern sicherte auch vielen Menschen das Überleben.

SDS, SNCC und die Bürgerrechtsbewegung (1960er)

Die von den Kämpfen der Arbeitslosenorganisationen gestärkte US-amerikanische Arbeiterbewegung war bis in die späten 1940er Jahre sehr kraftvoll. Viele Community Organizing-Projekte der 1940er Jahre wurden durch diese Tradition inspiriert und haben aus ihr den »militanten Geist und die demokratische Richtung« (Fisher 1994: 52) übernommen. Saul Alinsky und sein konfrontativ-liberaler Ansatz sind dafür das berühmteste, aber nicht das beste Beispiel. Nachdem Gewerkschaften und radikale Community-Organisationen in den 1950er Jahren unter dem Eindruck massiver politischer Verfolgung – bekannt als *McCarthyismus*[10] – an Kraft verloren hatten, nahm die Bürgerrechtsbewegung die Tradition revolutionären Community Organizings auf und entwickelte ihrer Situation entsprechende neue Formen. Die Bürgerrechtsbewegung entstand in den 1960er Jahren vor dem Hintergrund der Lebensverhältnisse von People of Color in den USA, die trotz des wirtschaftlichen Aufschwungs verheerend waren: 1960 lebten ca. ein Fünftel der Gesamtbevölkerung, aber die Hälfte der Afro-Amerikaner_innen in Armut. Gleichzeitig stieg die Zahl der Armen von landesweit 39 Millionen im Jahr 1959 auf 50 Millionen Menschen Jahr 1962. Unter diesem Eindruck entwickelte sich die Bürgerrechtsbewegung zu einer revolutionären Kraft, die den institutionellen Rassismus zurückdrängte.

Das *Student Non-Violent Coordinating Committee (SNCC*[11]*)* und die *Students for a Democratic Society (SDS)* waren zwei zentrale Organisationen die diese anti-rassistische Vision der Bürgerrechtsbewegung in die organisatorische Praxis umsetzten. Sie entstanden unter dem Einfluss der Kritik an der McCarthy-Ära, aber auch an der Politik realsozialistischer Staaten, sowie einer Reflexion der Schwächen, die die Kämpfe der Arbeitslosen- und Arbeiterbewegungen in den der 1930er Jahren offenbart hatten. Das Ziel hieß nun Nachbarschaftsorganisationen aufzubauen, die weder zentralisiert, bürokratisch oder hierarchisch angelegt noch von politischen Parteien abhängig waren (Shragge 2003: 90).

SNCC und SDS bezeichneten sich, wie Alinskys liberale Community-Organisationen auch, als nicht-ideologisch. Während Alinsky damit seine politische Beliebigkeit kaschierte, wählten SDS und SNCC diese Formulierung, um sich gegen den »moralischen Kreuzzug« (Fisher 1994: 106) von rechts zu verteidigen. Diese Begründung macht die Verwendung nicht unproblematisch, setzt sie aber in einen historischen Kontext. In der Praxis vertraten SNCC und SDS jedoch sehr wohl politische Positionen:

> Beide Organisationen haben konkrete Ideen über die Zukunft der Gesellschaft und ›der Bewegung‹ geteilt. Mit ihren Worten und Taten befürworteten sie einen moralischen Aufstand gegen ›das System‹ [...]. Sie lehnten den liberalen Glauben an moderate Reformen und den Anti-Kommunismus ab. Folgerichtig ersetzten sie die frühere linke Strategie, Bündnisse mit sozial-liberalen und Mainstream-Gewerkschaften einzugehen, mit einem Schwerpunkt auf direkte

10 Joseph McCarthy war in den 1950er Jahren Senator in den USA. Die von ihm initiierte antidemokratische Verfolgung politischer Gegner wurde von allen Gewalten des Staates getragen und von privaten Sicherheitsunternehmen unterstützt.

11 Ausgesprochen: SNICK

> Aktionen und dem Aufbau lokaler, autonomer, rebellischer Community-Organisationen. [...] Diese Perspektive war grundsätzlich anarchistisch, nicht sozialistisch. Neue linke Aktivist_innen von SNCC und SDS wollten eine neue, spontane, dezentrale und antiautoritäre Bewegung aufbauen [...] (Fisher 1994: 107).

SNCC gründete sich 1960 als studentischer Arm der Bürgerrechtsbewegung. Innerhalb eines Jahres wurde sie zu einer überregionalen Organisation mit festangestellten Organizer_innen, die Proteste und soziale Veränderungen im gesamten Süden der USA anstieß (Fisher 1994: 105f). SDS entstand eher aus dem gewerkschaftlichen Kontext, nahm aber eine ähnliche Entwicklung.

Das Community Organizing-Modell von SDS und SNCC war anfangs von der Überzeugung geprägt, lose Strukturen würden am ehesten dem eigenen basisdemokratischen Ideal entsprechen. Diese Vorstellung hat sich nach einigen Jahren praktischer Erfahrung gewandelt. Nach vier Jahren aufreibender Arbeit haben viele Organizer_innen »offen für ein SNCC argumentiert, das besser organisiert ist, um kollektive Macht zu erlangen. Und sie kritisierten eine romantische und kontraproduktive Sicht auf die vorhandene Richtungs- und Strukturlosigkeit« (Fisher 1994: 117).

Diese Einsicht in die Notwendigkeit verbindlicher Strukturen prägt transformative Community-Organisationen bis heute, was auch daran liegt, dass viele aktive Organizer_innen zu dieser Zeit politisiert wurden. Auch die Wichtigkeit eines konkreten politischen Programms (Fisher 1994: 116) und einer bundesweite Vernetzung (Shragge 2003: 95) jenseits einer bloßen Kritik der rassistischen Segregation ist eine Lehre, die aus den Erfahrungen von SNCC gezogen wurde. Zugleich war der schwerpunktmäßige Kampf gegen den institutionalisierten Rassismus ein wichtiger Einfluss für die weitere Entwicklung revolutionären Community Organizings.

Die Black Panther Party und andere Nachfolgeorganisationen von SDS und SNCC hatten mit ihren politischen Programmen einen entscheidenden Anteil daran, dass heutige Kämpfe um Anerkennung und Selbstbestimmung klassenkämpferischen Positionen weder über- noch untergeordnet, sondern gleichberechtigt mit ihnen verbunden werden. Eric Mann, der Mitte der 1960er Jahre für SDS arbeitete, betonte in unserem Gespräch, dass die Bürgerrechtsbewegung eine revolutionäre Bewegung war, die über unmittelbare rassistische Diskriminierung hinaus die gesellschaftlichen Verhältnisse umfassend verändern wollte. In einem seiner Bücher zitiert er eine Rede, die er bei einem tagelangem Sit-In vor dem Weißen Haus im April 1965 hielt: »Um ein fundamental verfaultes System zu verändern, musst du fundamentale Aktionen unternehmen, die die Ursache des Problems direkt in Angriff nehmen« (Mann 2011: xiii).

1965 arbeiteten fast 400 Organizer_innen für SNCC und SDS. Ähnlich wie die Organizer_innen der Arbeitslosenräte machten sie es sich zur Aufgabe, die Besonderheiten der Nachbarschaft aufzunehmen und sich entsprechend anzupassen. War dieser Schritt gelungen, luden sie interessierte oder schon aktive Menschen ein, besprachen mit ihnen die Situation und planten Aktionen. Der SDS Organizer Tom Hayden erinnert sich:

> Nach einigen Wochen hatten wir 250 Menschen, die sich in ungefähr 15 Gruppen getroffen haben. Dann haben wir angefangen, sie in einer nachbarschaftsweiten Organisation zusammenzufassen, so dass Menschen aus jedem Straßenzug ihre Probleme in einen größeren Zusammenhang stellen konnten. Wir hatten wöchentliche Treffen mit den Verantwortlichen, die sich von da an regelmäßig getroffen haben. Wir haben einen Laden aufgemacht, der sieben Tage die Woche geöffnet hatte. Bald strömten aus unseren Kopierern Flyer, die Treffen und Demonstrationen ankündigten oder zu verschiedenen Themen, wie zum Mietrecht, einfach zu lesende Informationen skizzierten (Hayden 1988: 132).

Im gesamten Prozess stand der Aufbau persönlichen Vertrauens im Mittelpunkt. Transformative Community-Organisationen beziehen sich noch heute auf SNCC und SDS und deren Einsicht, dass Verbindlichkeit nicht allein dauernde Präsenz bedeutet, sondern auch belastbare persönliche Beziehungen aufzubauen (Warren-White 2007: 63). Dazu gehört die Erkenntnis, dass eine kritische Analyse allein nicht alles erklären kann, sondern dass die Erfahrungen und Reflexionen der einzelnen Menschen unabdingbarer Bestandteil politischer Bildung sind (Shragge 2003: 84f.).

Basisdemokratie hat innerhalb der Bürgerrechtsbewegung eine wesentlich größere Bedeutung genossen als innerhalb der Arbeitslosenräte. Die absolute Verpflichtung nicht nur Basisinitiativen, sondern verbindliche basisdemokratische Strukturen aufzubauen, ist eine wichtige Lehre aus diesem Jahrzehnt. Die Basisarbeit von SNCC wollte *leadership* in der Nachbarschaft entwickeln. Das bedeutet, dass die Organizer_innen Verantwortlichkeiten an Menschen aus der Nachbarschaft übertragen und inhaltliche und praktische Fähigkeiten unter möglichst vielen Menschen verteilen wollten. Leadership bedeutet auch, dass unterdrückte Gruppen die Richtung des Kampfes vorgeben. Dieser Schritt war eine klare Weiterentwicklung gegenüber dem Anti-Rassismus der CPUSA. Verbunden mit direkten Aktionen als vorrangige Politikform hat das Community Organizing von SNCC und SDS entscheidend dazu beigetragen, die rassistischen gesellschaftlichen Verhältnisse der USA im Fundament zu erschüttern.

Feministische Einflüsse

Die feministische Tradition des Community Organizings ist nicht auf eine bestimmte Epoche oder konkrete Organisationen eingegrenzt.[12] Zu allen Zeiten haben Aktivistinnen innerhalb des transformativen Community Organizings formelle und informelle Netzwerke und eigene Organisationen aufgebaut. Sie sind ein eigener Teil der Geschichte transformativen Community Organizings und hatten gleichzeitig massiven Einfluss auf andere historische und aktuelle Organisierungsformen.

In der Geschichte revolutionärer Nachbarschaftspolitik haben Organizerinnen immer einen großen Teil der Arbeit geleistet und dennoch blieb das Feld des Community Organizings »ein männlich dominiertes Reservat, in dem Härte hinter Begriffen der Beteiligung versteckt wurde, und die üblichen Methoden feministische Positionen nicht unterstützt oder ihnen sogar entgegengewirkt haben. Die Strategien waren größtenteils auf Modellen der ›Macho-Stärke‹ ausgerichtet« (Weil 1986: 192 zit.n. Stoecker/Stall 1996). Diese an Alinsky gerichtete Kritik gilt auch für die historischen Ursprünge des revolutionären Community Organizings. Es muss das Ziel aktueller Organizing-Projekte sein, die weiterhin bestehende männliche Dominanz zu überwinden.

Im SNCC zeigte sich der feministische Einfluss in der Strategie, in kleinen Gruppen belastbare persönliche Beziehungen aufzubauen. Ella Baker, eine Organizerin der Bürgerrechtsbewegung, verwies auf diese Tradition damit Frauen auf diese Art »ihre potentielle Stärke erkennen« (Stall/Stoecker 2008: 245). Der feministische Ansatz der (Selbst-)Ermächtigung (*Empowerment*) gehört heute zu den zentralen Aspekten revolutionären Community Organizings.

Ein weiterer Beitrag feministischen Organizings sind die Forderung sowie praktische Ansätze, die Trennung von öffentlich und privat aufzuheben. Vor allem liberales Community Organizing betrachtet die öffentliche Sphäre als die exklusiv politische und klammert den privaten Bereich aus ihrer Politik aus. Transformative Community-Organisationen versuchen diese Teilung aufzulösen und fordern eine nach außen und innen anti-sexistische Praxis, die den vormals privaten Bereich mit einschließt. Transformatives Community Organizing muss die Beteiligten selbst revolutionieren.

Auch der Aufbau selbstorganisierter sozialer Angebote ist eine Errungenschaft feministischen Community Organizings. Innerhalb liberaler Community-Organisationen gehen soziale Angebote wie Sozialberatungen, Kleiderkammern, Suppenküchen oder Notunterkünfte oft mit einer De-Politisierung einher. Für die Bürgerrechtsbewegung und vor allem für feministische Bewegungen kommt

12 Entsprechende historische Organisierungen wurden im Vergleich zu den zuvor beschriebenen Organisationen wesentlich weniger dokumentiert. Die überschaubare Quellenlage ist ein Hauptgrund für die fehlenden Beispiele in diesem Abschnitt.

Shragge jedoch zu dem Schluss, dass in vielen Projekten »soziale Angebote nicht von politischem Aktivismus getrennt waren« (Shragge 2003: 95). Eine basisdemokratische Organisationsform und die Verbindung von sozialen Angeboten mit sozialen Kämpfen ist ein Merkmal feministischen Community Organizings. Diese Erfahrung hat viele aktuelle transformative Community-Organisationen dazu veranlasst, eine kämpferische und konfrontative Politik mit sozialen Angeboten zu verbinden. Kostenlose Essensversorgung und Sozialberatungen dienen oft dazu, das elementar Notwendige zur Verfügung zu stellen, um den Menschen Zugang zu einem organisierten politischen Prozess zu ermöglichen.

Am Ende des historischen Überblicks kann die Geschichte des revolutionären Community Organizings in einen größeren Zusammenhang gestellt werden. Eric Mann hat in unserem Gespräch betont, dass das Strategy Center sich »mehr oder weniger in einem Kampf verortet, der mit dem Aufkommen der Klassen begonnen hat. Du bist Teil eines Kontinuums« (Mann). Ein entscheidender Beitrag zu diesem Kontinuum sozialer Kämpfe ist die stetige Systematisierung und Weiterentwicklung von Formen der Basisorganisierung. Die Arbeitslosenorganisationen lernten von der militanten Arbeiterbewegung und die Bürgerrechtsbewegung lernte von ihnen. Aktuelles transformatives Community Organizing unternimmt den Versuch, die historischen Erfahrungen zu bewahren und zu zeigen, dass eine ganzheitliche Strategie zur Organisation von Nachbarschaften sehr hilfreich sein kann. Die Elemente einer kritischen und intersektionalen Analyse der gesellschaftlichen Verhältnisse, politische Basisarbeit, konfrontative Politikformen und die Selbstverpflichtung, an einer solidarischen linken Bewegung mitzuarbeiten, fassen die Praxis und Theorie transformativen Community Organizings zusammen. Die nachfolgend diskutierten Beispiele dienen als Ausgangspunkt meines Versuchs, diese vier Eckpunkte transformativen Organizings zu umreißen. Die Eckpunkte haben zum Ziel, dem politischen Mehrheitsdiskurs und den herrschenden Verhältnissen eine emanzipatorische Vision entgegen zu setzen, die Auseinandersetzungen im Stadtteil und darüber hinaus zu re-politisieren und linke soziale Bewegungen insgesamt zu stärken.

05 Vier Eckpunkte revolutionären Community Organizings

Die Stärke linker sozialer Bewegungen hängt nicht zuletzt von ihrer Fähigkeit ab, sich langfristig zu organisieren. Die US-amerikanische Geschichte des organisierten Widerstands hat eine Tradition revolutionärer Nachbarschaftsorganisationen hervorgebracht, denen es gelungen ist, ausgehend von kontinuierlicher und verbindlicher Organisierung von unten eine große Anzahl an Menschen einzubinden und die herrschenden Verhältnisse wirksam in Frage zu stellen. Diese Tradition nahm ihren Anfang in den 1880er Jahren mit der militanten Gewerkschaft Knights of Labor, wurde im Anschluss an die erste große Weltwirtschaftskrise von den Arbeitslosenorganisationen der 1930er Jahre fortgeführt und erhielt in den 1960er Jahren von den Organisationen der Bürgerrechtsbewegung neue Impulse. Auch heute, angesichts der sozialen Verwerfungen eines zunehmend krisenhaften Neoliberalismus, stellen sich Nachbarschaftsorganisationen in diese Tradition transformativen Community Organizings, um sie gleichzeitig zu aktualisieren und weiter zu entwickeln.

Das *Strategy Center* in Los Angeles, *People Organized to Win Employment Rights (POWER)* aus San Francisco, *City Life / Vida Urbana (CL/VU)* aus Boston und *Tenants and Workers United (TWU)* aus Virginia gehören zu den prominentesten Beispielen der neueren Geschichte revolutionärer Nachbarschaftsorganisationen. Landesweit und unabhängig voneinander haben sich vielfältige Organisationen entwickelt, die sich trotz ihrer unterschiedlichen Erfahrungen und Lebenssituationen solidarisch aufeinander beziehen. Die im letzten Kapitel beschriebenen Erfahrungen früherer Community-Organisationen helfen ihnen, mit der widersprüchlichen Gemengelage in ihren Nachbarschaften umzugehen. Die gemeinsame Bezugnahme auf ihre historischen Vorläufer sowie die Reflexion früherer Erfahrungen und heutiger gesellschaftlicher Bedingungen begründen die Schnittmengen gegenwärtigen transformativen Community Organizings. Die Gemeinsamkeiten der aktuellen Praxis können durch vier Eckpunkte beschrieben werden: eine *kritische Analyse und grundsätzliche Opposition* gegen die gesellschaftlichen Herrschaftsverhältnisse; eine ausdrücklich *politische Basisarbeit*; die Anwendung *konfrontativer Politikformen*; sowie eine organisationsübergreifende und grenzenlose *Solidarität*. Diese Eckpunkte transformativen Community Organizings werde ich in diesem Kapitel anhand der vier genannten Beispiele vorstellen.

Mit Ausnahme des Strategy Centers sind die genannten Organisationen Teil des stadtpolitischen Bündnisses *Right to the City (RTTC)*. Dieses Bündnis wurde im Jahr 2007 als Reaktion auf die flächendeckende Verdrängung einkommensarmer Menschen in US-amerikanischen Städten als bundesweite Vernetzung lokaler Organisationen gegründet. Durch eigene Kampagnen und durch die Unterstützung lokaler Kämpfe versucht das Bündnis, die Lücke zwischen nachbarschaftlicher Organisierung und einem landesweiten und internationalen Veränderungsanspruch zu schließen. Damit führt RTTC die historische Erfahrung fort, dass lokales Organizing ohne einen übergeordneten Rahmen, der unterschiedliche Kämpfe zusammenbringt, gesamtgesellschaftlich wenig erreichen kann.

Das *Strategy Center* wurde 1989 gegründet und betreibt einen eigenen Verlag, eine eigene Radiosendung, eine landesweites Ausbildungszentrum für politisches Organizing und zwei Organizing-Projekte in Los Angeles. Eines dieser Projekte, die *Bus Riders Union (BRU)*, hat 3.000 Mitglieder und 30.000 Unterstützer_innen. Gemeinsam haben die Menschen mit der *BRU* die Stadt Los Angeles zur Umverteilung von 2,7 Milliarden Dollar öffentlicher Mittel gezwungen. *POWER*, im Jahr 1997 zur Organisierung von Erwerbslosen gegründet, hat sich als kämpferische Basisorganisation mit mehreren Kampagnen etabliert. Zuletzt konnte *POWER* in San Francisco einen für Kinder und Jugendliche einkommensarmer Familien kostenlosen Nahverkehr durchsetzen. *CL/VU* aus Boston arbeitet seit 1973 hauptsächlich an stadtpolitischen Themen. Ihr militanter Community Organizing-Stil hat ihnen in 40 Jahren unzählige Erfolge beschert, so zum Beispiel die Einrichtung von Verbotszonen für Zwangsräumungen oder Mietobergrenzen. *Tenants and Workers United (TWU)* kämpfen seit über 20 Jahren für emanzipatorische Forderungen in Virginia. Ihre vielen Kampagnen in den Bereichen Gesundheit, Wohnraum, Bildung und Migration haben unter anderem die Kollektivierung von Unternehmen und Immobilien und einen Mindestlohn für städtische Beschäftigte erreicht.

Allen vier Organisationen ist ihr relativ hoher Grad an Professionalisierung gemeinsam. Dass in den Organisationen der US-amerikanischen (radikalen) Linken ein erheblicher Anteil der politischen Arbeit von bezahlten Stellen geleistet wird, ist ein wesentlicher Unterschied zu bundesdeutschen Basisorganisationen. Doch Professionalisierung muss nicht politische Anpassung an und Abhängigkeit von den bestehenden Herrschaftsverhältnissen bedeuten. Im Gegenteil sprechen sich die vier Organisationen deutlich für eine offene und ehrliche Kritik an den herrschenden Verhältnissen in ihrer Community Organizing-Praxis aus:

Los Angeles – Labor and Community Strategy Center:

> Eine transformative Organisation benötigt eine klares Programm, das den systematischen Rassismus und das kapitalistische Patriarchat herausfordert und das der imperialistischen Aggression der USA kämpferisch entgegen steht (Mann 2010a: 28).

> **San Francisco – People Organized to Win Employment Rights (POWER):**
>
> Wir, die Mieter_innen, Arbeitslosen und Niedriglohn-Arbeiter_innen in San Francisco sind zu einem überwältigenden Teil Frauen und People of Color – nicht wegen eines Zufalls – sondern wegen der tiefen und historischen Integration von Rassismus und Sexismus in die Strukturen ökonomischer Ausbeutung (Browne u.a. 2006: 125).
>
> **Boston – City Life / Vida Urbana (CL/VU):**
>
> Es gibt die Debatte, ob Organizer_innen ihre Politik in die Arbeit einbringen sollten. Wir denken, dass das nicht die richtige Frage ist. Wir denken, dass Organizer_innen ihre Politik immer mit zur Arbeit bringen. Es ist nur die Frage welche Politik das ist [...] Unsere politische Sichtweise, die wir zu Beginn klar machen, schafft einen moralischen Raum, der es ermöglicht Optionen zu wählen, die vorher gar nicht auf dem Tisch lagen... Unserer Erfahrung nach können defensive Aktionen Einzelner auf der lokalen Ebene offensive Folgen haben, die das System in Frage stellen. Das hängt davon ab, wie sie durchgeführt werden (Steve Meacham, zit.n. Fisher u.a. 2013: 170).
>
> **Alexandria/Virginia – Tenants and Workers United (TWU):**
>
> Unser Auftrag ist der Aufbau von Macht für einkommensarme Menschen – Immigranten verschiedener Herkunft, Afroamerikaner_innen, Frauen, schlecht bezahlte Arbeiter_innen und Jugendliche – in North Virginia, um gegen Rassismus und Sexismus zu kämpfen, vielfältiges Leadership für soziale und ökonomische Gerechtigkeit zu entwickeln und nachbarschaftliche Ressourcen demokratisch zu kontrollieren oder selbst zu verwalten. Das schließt Wohnungen, Bildung und Gesundheitsversorgung mit ein (TWU 2014).

Im Folgenden wird es darum gehen, warum eine kritische Analyse für transformatives Community Organizing so wichtig ist, welche Erfahrungen mit einer ausdrücklich politischen und ausdrücklich basisorientierten Organisierung von unten sie gemacht haben, wie ihre konfrontativen Politikformen aussehen, was organisationsübergreifende Solidarität bedeutet und warum auch transformatives Community Organizing trotz einer Kombination dieser vier Elemente eine unaufhörliche Suchbewegung bleibt.

Kritische Analyse und Opposition

Alle hier genannten Organisationen sind mit dem Vorhaben angetreten, mehrere Dimensionen gesellschaftlicher Ungerechtigkeit zu bekämpfen. Im Unterschied zu Vertreter_innen des liberalen Community Organizings sind sie überzeugt, dass ihre Kämpfe nur erfolgreich sein können, wenn sie die Ursachen dieser Ungerechtigkeiten klar benennen. Um der Komplexität der gesellschaftlichen Machtverhältnisse und dem Zusammenspiel verschiedener Ursachen bei alltäglichen Problemen gerecht zu werden, arbeiten transformative Community-Organisationen mit dem Bild eines *intersektionalen* bzw. *integralen Systems von Unterdrückung*.

Der Begriff der Intersektionalität wurde erstmals von der Juristin Kimberlé Crenshaw (1991) in die Debatte eingeführt. Es leitet sich vom englischen Wort für Straßenkreuzung (*intersection*) her. Wie an einer Straßenkreuzung kommen aus beliebig vielen Richtungen Unterdrückungslinien zusammen und verbinden sich in der konkreten Geschichte der Menschen. Die meistgenannten Herrschaftsformen sind Patriarchat, Rassismus und Kapitalismus (*gender, race, class*), es existieren jedoch viele weitere Linien der Unterdrückung entlang von sexueller Orientierung, Herkunft, Alter, Aussehen, körperlicher und geistiger Leistungsfähigkeit, usw.

Entscheidend ist es, dass die genannten transformativen Community-Organisationen Unterdrückung und Herrschaft als strukturelles Problem *und* individuelle Erfahrung benennen. Sie betrachten kapitalistische, rassistische und sexistische Herrschaftsformen nicht als Zufälle, sondern als zentrale Handlungslogiken unserer Gesellschaft. Herrschaftsverhältnisse sind in den Institutionen des Staates, also den Ministerien, Verwaltungen, Regierungen und in der Rechtsprechung verankert und werden durch Unternehmen und andere gesellschaftliche Institutionen (Vereine, Verbände, Parteien, Familien, Schulen, religiöse Organisationen usw.) immer wieder reproduziert.

Die Erfahrungen der Einzelnen mit Unterdrückung sind zwar durch diese strukturellen Gemeinsamkeiten verbunden, im Detail aber sehr verschieden. Der Umgang mit dieser gesellschaftlichen Vielfalt (*diversity*) ist je nach politischer Ausrichtung des Community Organizings sehr unterschiedlich. Transformative Organisationen versuchen, ihre Vielfalt zu nutzen, um sich solidarisch zueinander zu verhalten und den Unterdrückungslogiken politisch entgegenzuwirken.

Wie Eric Mann in Kapitel 2 beschrieben hat, ist es schwer mit den widersprüchlichen Erfahrungen und Positionen der eigenen Basis umzugehen. Der »herzzerreißende Widerspruch« (Mann), dass in die Illegalität gezwungene Menschen latein-amerikanischer Herkunft auf dem Arbeitsmarkt die größte Konkurrenz für Afro-Amerikaner_innen darstellen, erschwert emanzipatorische Lösungen für die Probleme beider Bevölkerungsgruppen. Die Arbeit des Strategy Center zeigt beispielhaft, dass ein produktiver und dem Anspruch nach gesellschaftsverändernder Umgang mit solchen Widersprüchen möglich ist. Die eigene Praxis sollte dafür kontinuierlich überdacht werden und für Kritik zugänglich bleiben (Mann 2011).

Auch POWER stellte vor einigen Jahren fest, dass die afro-amerikanische, die asiatische und die latein-amerikanische Basis der Organisation sehr unterschiedliche Erfahrungen mit dem rassistischen Arbeitsmarkt San Franciscos machen und sich vor diesem Hintergrund skeptisch bis ablehnend gegenüberstehen. Damit sich dieses Misstrauen auflöst oder zumindest verringert, veranstaltete POWER eine 14-wöchige Workshop-Reihe, in der die Besonderheiten und Gemeinsamkeiten der jeweiligen Herrschaftserfahrungen diskutiert wurden. Im Ergebnis betrachteten sich die Beteiligten mit anderen Augen, sie begannen ihre Unterschiedlichkeit anzuerkennen und zu respektieren. Die neu gewonnene »kollektive Stärke der Communities der Arbeiterklasse of Color« (POWER 2014) drückt sich unter anderem in dem oben zitierten Buch »Towards Land, Work and Power« (Browne u.a. 2006) aus, in dem eine kämpferische und solidarische Perspektive auf Vielfalt angeregt wird.

Um möglichst auch körperlich eingeschränkten Menschen Zugang zu ermöglichen, bieten viele Organisationen Fahrdienste zu ihren Treffen an. Die BRU beschäftigt zu 80% Frauen, um dem männlich geprägten Leistungsdruck auf dem Arbeitsmarkt entgegen zu wirken. Sie versucht dadurch ihren queer-feministischen Anspruch in die eigene Praxis umzusetzen, wie ihn beispielsweise die Organizerin Maria Poblet (2013) einfordert. Integrale Unterdrückungsformen in der alltäglichen Arbeit zu berücksichtigen bedeutet auch, sich mehrsprachig zu organisieren und gegenseitige Vorurteile abzubauen. Die BRU spricht auf allen Treffen drei Sprachen (englisch, spanisch, koreanisch), die meisten anderen Organisationen zwei (englisch/spanisch; englisch/chinesisch; englisch/fillipino; etc.).

Ausgehend von der Analyse, dass die gesellschaftlichen Verhältnisse verschiedene Menschen auf unterschiedliche Weise benachteiligen, entschied die in Oakland und San Francisco ansässige Organisation Causa Justa::Just Cause (CJJC) ihre fast 20 Festangestellten nicht nach Position, sondern nach Bedürfnissen bezahlen zu wollen (Kinder, Pflege, Gesundheit etc.). Dieser Ansatz scheiterte jedoch an der staatlichen Finanzverwaltung, die dadurch die Datenschutzrechte der Arbeiter_innen verletzt sah. Daraufhin hat CJJC durch eine enge Staffelung der Gehälter ihren Anspruch zumindest teilweise umgesetzt.

Keine der Organisationen behauptet, die beste Lösung oder den perfekten Umgang mit intersektionalen Herrschaftsverhältnissen gefunden zu haben. Viele Fragen, beispielsweise nach dem Umgang mit der Hierarchie zwischen bezahlten oder unbezahlten Mitgliedern der Organisationen, sind weder in Los Angeles, noch in Oakland, Boston, New York oder San Francisco beantwortet. Transformative Community-Organisationen zeigen aber produktive Möglichkeiten auf, die eine konsequente Einbeziehung verschiedener Unterdrückungsformen hervorbringen kann.

Ihre alltäglichen Probleme und ihre unterschiedlichen Diskriminierungserfahrungen auf strukturelle Ursachen zurückzuführen, ermöglicht es den Gruppen außerdem, unterschiedliche Interessen in der Nachbarschaft zu erkennen. Von Medien, politischen Amtsinhaber_innen, aber auch von liberalen Community-Organisationen wird oft behauptet, die Aufwertung von Stadtteilen nütze allen. Dieser Annahme widersprechen transformative Nachbarschaftsorganisationen in aller Deutlichkeit: »Es bleibt unsere Aufgabe, die Fassade des gemeinsamen Interesses zu enthüllen und es als Konzept der herrschenden Klasse zu entblößen, das unser Überleben gefährdet« (Browne u.a. 2006: 123).

POWER verweist darauf, dass modernisierte Wohnungen einkommensschwachen Bewohner_innen des Stadtteils nichts nutzen, wenn sie kurz darauf angesichts der steigenden Mieten wegziehen müssen. Eine kämpferische Perspektive auf Vielfalt und Verschiedenheit bedeutet auch, dass die politische Analyse nicht auf den eigenen Erfahrungshorizont beschränkt bleibt. Während liberales Community Organizing den Bezug auf die Nachbarschaft nutzt, um ihre Politik darin einzusperren, sind sich transformative Organisationen bewusst, dass Menschen nicht nur in der eigenen Nachbarschaft unter den Verhältnissen leiden, und dass dieses Leiden nicht allein in der Nachbarschaft überwunden werden kann. Eric Mann hat in Kapitel 2 die Bedeutung einer internationalistische Perspektive hervorgehoben. Auch die RTTC Organizerin Harmony Goldberg beschreibt »die alltäglichen Probleme in unseren Communities, z.B. schlecht bezahlte Dienstleistungsjobs oder die Verdrängung von Menschen durch Gentrification«, als »Abbilder nationaler und internationaler Trends, insbesondere der Veränderung unserer Städte durch den Neoliberalismus« (Goldberg 2008).

Die Analyse transformativer Community-Organisationen geht in die Tiefe und erweitert den Horizont aller Beteiligten. Sie deckt die Mechanismen gesellschaftlicher Herrschaftsverhältnisse auf, führt alltägliche Probleme auf strukturelle Ursachen zurück, setzt die unterschiedlichen Betroffenheiten miteinander in Verbindung und sucht Gemeinsamkeiten mit Menschen in anderen Teilen der Welt. Aus ihr erwachsen politische Positionen, die der herrschenden Politik entgegenstehen. Und sie bietet den Bewohner_innen ihrer Stadtteile politische Alternativen, zu denen diese sich auch verhalten müssen. Transformative Community-Organisationen legen in diesem Sinne die Grundlage für oppositionelle Politik.

Politische Basisarbeit

Politische Basisarbeit ist das Herzstück transformativen Community Organizings. Das Konzept zielt darauf ab, möglichst viele Nachbar_innen in die eigene Arbeit einzubinden. Und es soll eine kontinuierliche inhaltliche Auseinandersetzung innerhalb der Organisation und der Nachbarschaft ermöglichen. Die zentralen Frage sind dabei: Wer sind die Menschen der Basis und wie werden sie zur Basis der Organisation?

Transformatives Community Organizing geht davon aus, dass emanzipatorische gesellschaftliche Veränderungen nur durch Organisierung von *unten* erreicht werden kann. Diese muss sich auf die Menschen konzentrieren, die an der »Frontlinie des Neoliberalismus« (Goldberg 2008) stehen, da sie das ehrlichste Interesse an einer revolutionären Veränderung haben (Mann 2010a: 21ff.; Warren-White 2007: 77f.).

Der organisatorische Fokus liegt demnach auf Menschen, die am stärksten unter den Verhältnissen leiden, also einkommensarmen Menschen, People of Color, Migrant_innen, Alleinerziehenden etc. Menschen der Mittelschicht, die trotz ihrer gesellschaftlichen Privilegien die Politik der jeweiligen Organisationen gut finden, können sie als Freiwillige unterstützen. Sie haben aber keine Stimme bei richtungsweisenden Entscheidungen. Diese Trennung kennzeichnet alle mir bekannten Organisationen des transformativen Community Organizing und ist notwendig, damit die eigene Basis sich nicht gegen die Interessen der *weißen* Mittelschicht durchsetzen muss. Die organisatorische Aufteilung ist kein Ausdruck von Feindseligkeit und wird auch nicht als solche wahrgenommen. Das Interesse die Organisationen zu unterstützen, ist immens. So werden bei CJJC zwei Drittel der Arbeitsstunden durch Unterstützer_innen geleistet. Diese Variante bietet Menschen die Möglichkeit, sich für ein paar Stunden in der Woche in den Dienst emanzipatorischer Politik zu stellen.

Um Kontakt mit Menschen der Basis aufzunehmen, die Interesse an der politischen Arbeit haben könnten, verfolgen die meisten Organisationen vielseitige Strategien. Eine aus Hollywood-Filmen bekannte und auch in der Praxis transformativen Community Organizings erfolgreiche Variante ist, in der eigenen Nachbarschaft von Tür zu Tür zu gehen. Die BRU spricht die Menschen in den Bussen von Los Angeles an. Dies bedeutet einen extrem großen Aufwand, der sich aber auch in wachsender Beteiligung auf den Treffen ausdrückt. Bei den Organisationen des RTTC-Bündnisses sind in den meisten Fällen hunderte Menschen organisiert, in der BRU sind es 3.000.

Entscheidend ist es, im ersten Gespräch Verbindlichkeit herzustellen. Transformative Community-Organisationen fragen die Menschen in der Regel nach ihrer Telefonnummer, um sie vor dem nächsten Treffen informieren zu können. Der telefonische Kontakt ist eine oft unterschätzte und zu Unrecht diskreditierte Methode, Verbindlichkeit zu schaffen. Die praktische Erfahrung zeigt, dass sie sehr gut angenommen wird. Menschen fühlen sich ernst genommen und meist nicht belästigt, wenn sie telefonisch zur Vorbereitung einer Aktion, zu einem Workshop, zu Verhandlungen oder ähnlichem eingeladen werden. Immerhin handelt es handelt sich nicht um Werbung eines Call-Centers, sondern um eine politische Einladung aus der Nachbarschaft.

Eine andere Möglichkeit mit Menschen in Kontakt zu kommen ist es, ihnen konkrete Hilfe anzubieten. Sozialberatungen können die Lebensbedingungen

Einzelner konkret verbessern und schaffen Gelegenheiten ins Gespräch zu kommen. Darüber hinaus sprechen die Organisationen bei ihren direkten Aktionen Unbeteiligte an. Entscheidend ist bei jedem Kontakt, die Menschen ernst zu nehmen, sie zu Freund_innen werden zu lassen. Die in Chicago engagierte Pfarrerin Patricia Watkins warnt in diesem Zusammenhang vor linker Arroganz, die es bei aller politischen Klarheit zu vermeiden gilt:

> Glaubst du, dass die Leute, die du zum Mitmachen ansprichst, dir gleich sind? Oder sind das nur Leute, denen du helfen willst? Verstehst du, dass deine Vision für Menschen unangebracht oder sogar verletzend sein kann? Denn wenn nicht, kann es sehr enttäuschend für dich und die Menschen sein, die du einbinden willst. [...] Nimm dir die Zeit zu lernen und nicht zu lehren. [...] Das bedeutet, sich mit den Menschen hinzusetzen und sie ihre Erfahrungen schildern zu lassen, denn für sie ist es die Wahrheit. [...] Werde vertraut mit ihnen. Denn wenn du in den Krieg ziehst, brauchst du Leute, die an deiner Seite stehen. Du musst wissen wer sie sind und sie müssen wissen wer du bist. Denn wir reden von Krieg, wenn wir über die Transformation der Gesellschaft reden. Es wird nicht einfach so passieren, weil wir alle zusammen kommen und ein Lied singen. Denn ändert sich die Regierung, weil wir alle ein Lied singen? Das interessiert doch keinen! (Watkins 2011).

Mann hat auf dem US Sozialforum 2010 deutlich gemacht, dass eine solche ehrliche Art nicht heißen muss, die eigene Position zu verstecken. Im Gegenteil:

> Eine transformative Organizerin ist eine revolutionäre Pädagogin. Das ist nichts wofür wir uns schämen müssen. Es wurde immer eingewandt, dass wir zu lernen hätten. Natürlich haben wir was zu lernen. Wir haben wahrscheinlich mehr zu lernen als zu lehren. Aber wir gehen nicht mit nichts in die Situation. Wieso sind wir denn überhaupt da? Du klopfst ja auch nicht an eine Tür und sagst: ›Hi ich bin hier um was zu lernen‹ (Mann 2010b).

In der alltäglichen Praxis ist es für die Organisationen schwierig, diesen Balanceakt zu vollführen. Politische Klarheit der eigenen Organisationen und Offenheit gegenüber abweichenden Sichtweisen der Menschen miteinander zu vereinen, erfordert viel Geduld und einen langen, intensiven Prozess gegenseitigen Austauschs. Mann hat in unserem Gespräch darauf hingewiesen, dass die basisdemokratische Entscheidungsfindung in Nachbarschaftsorganisationen zu einer konfliktreichen und langwierigen Angelegenheit werden kann. Auf diesem Weg entwickelt sich das politische Profil der Gruppe aber auch kontinuierlich weiter.

Transformative Nachbarschaftsorganisationen haben im Vergleich zu ihrem liberalen Counterpart einen ehrlicheren Umgang mit diesem Balanceakt zwischen den eigenen politischen Zielen und Mitteln und den verschiedenen Interessen und Sichtweisen im Stadtteil gefunden. Im Unterschied zum liberalen Community Organizing gehen sie nicht von einem gemeinsamen Interesse in der Nachbarschaft aus und haben entsprechend auch nicht das Ziel, *alle* Menschen der Nachbarschaft einzubinden. Transformatives Community Organizing denkt Basisdemokratie zunächst organisationsintern. Es zielt nicht in erster Linie auf eine Demokratisierung der stadtpolitischen Entscheidungsfindung ab. Stattdessen fordert es den stadtpolitischen Status quo heraus und gibt den Bewohner_innen des Stadtteils die Möglichkeit, diese Herausforderung maßgeblich mitzugestalten. Mann hat in Kapitel 2 eindrücklich beschrieben, dass möglichst viele Nachbar_innen eingebunden werden sollen, die die kurz- oder langfristigen Ziele der Organisation teilen. Organisationsintern ist es dafür notwendig basisdemokratische Strukturen aufzubauen, die einen produktiven Umgang mit den angesprochenen Widersprüchen und Konflikten ermöglichen.

Die aufgeworfene Frage, wie die Menschen der Basis zur Basis der Organisation werden, verweist auf weitere wichtige Elemente politischer Basisarbeit. Für das Ziel, immer mehr Menschen einzubinden, ist nicht nur verbindlicher Kontakt zu den Einzelnen wichtig. Die Einbindung sollte auch auf eine Art und Weise geschehen, die in sich selbst emanzipatorisch ist. In der Praxis bedeutet dies den angesprochenen Balanceakt zwischen politischer Klarheit und Offenheit. Die Bedürfnisse und die gesellschaftliche Position der Menschen ernst zu nehmen, drücken sich aber auch in den genannten Beispielen des Fahrdienstes, der Mehrsprachigkeit der Treffen, der Workshopreihe und der Verteilung der Arbeitsplätze innerhalb der Organisationen aus.

Wie diese internen Strukturen der Basisarbeit und der Basisdemokratie in der Praxis aussehen, ist höchst unterschiedlich. Die Organizer_innen[13] der BRU kontaktieren ihre aktiven Mitglieder mehrmals im Monat. Einmal im Monat kommt die Vollversammlung zusammen und entscheidet über grundlegende Fragen. Das Tagesgeschäft wird von einem Planungskomitee organisiert, dem sieben Organisationsmitglieder und fünf Organizer_innen angehören und das in regelmäßigem Austausch mit den anderen Mitgliedern steht. Durch diese kontinuierliche Diskussion kommt es in Entscheidungssituationen seltener zu Konflikten. Dennoch treten, wie überall, Konflikte auf, die auch langfristig nicht gelöst werden können. Sollte dies der Fall sein, plädieren viele Organizer_innen dafür, sich nach einem sorgfältigen Diskussionsprozess mehrheitlich für eine Richtung zu entscheiden. Dazu sollte den Mitgliedern oder Organizer_innen, die zum strategischen Vorgehen regelmäßig eine Minderheitsmeinung vertreten, nahe gelegt werden, andere politische Zusammenhänge zu finden, die eher ihren Vorstellungen entsprechen. Sie begründen das damit, dass es für erfolgreiche politische Arbeit von Nöten ist, an einem Strang zu ziehen. Diese Bedingung unterstreicht auch Mann und fügt hinzu, dass »es nichts mit Demokratie zu tun hat, in zwei Richtungen zu gehen« (Kapitel 2).

Andere Organisationen verfolgen andere Modelle. So kontaktiert CJJC mindestens einmal im Monat ihre Mitglieder und lädt sie mindestens einmal im Halbjahr zu persönlichen Gesprächen ein. Einzelgespräche sind bei allen

13 Die BRU spricht von »Membership Development Organizer«.

Organisationen wichtig, um herauszufinden, was die Postion der Menschen ist und ob sie sich ernst genommen fühlen. Am Ende jeden Jahres veranstaltet CJJC eine Vollversammlung, auf der die Basis entscheidet, welche Themen im nächsten Jahr behandelt und welche Kampagnen ins Leben gerufen werden sollen. Dazu gibt es regelmäßige Treffen, meistens alle zwei oder vier Wochen, auf denen die Kampagnen oder andere Aktivitäten vorbereitet werden. Die Organizer_innen sorgen dafür, dass die Menschen eingeladen, die Protokolle geschrieben und die Treffen moderiert werden. Sie erledigen die alltägliche Fleißarbeit und schaffen somit den organisatorischen Rahmen für die politische Arbeit der Basis.

Ein weiterer elementarer Aspekt der Basisarbeit ist die politische Bildung aller an der Organisation Beteiligten. In regelmäßigen Workshops werden die alltäglichen Probleme mit der politischen Analyse der Unterdrückungslogiken rückgekoppelt. Als Schlussfolgerung seiner historisch-vergleichenden Analyse von Community Organizing in den USA stellt Fisher heraus, dass Community Organizing ohne politische Bildung nicht funktionieren kann:

> Politische Bildung muss ein wesentlicher Teil von Nachbarschaftsorganisierung sein. [...] [Sie] sollte nicht nur organisatorische Fähigkeiten vermitteln, sondern muss aufdecken, dass die Ursachen der Probleme der Menschen in der Funktionsweise des ökonomischen und politischen Systems liegen. [...] Sonst würden die meisten Menschen trotz fortwährender Probleme und Konflikte glauben, dass das System trotz all seiner Fehlen grundsätzlich gut ist, dass Unzulänglichkeiten korrigiert werden können und dass Rassismus, Sexismus, Armut, Einkommensungleichheiten und Machtlosigkeit auf individuelle Fehler oder historische Umstände zurückzuführen sind, anstatt sie als Teil der sozialen, politischen und ökonomischen Strukturen zu betrachten (Fisher 1994: 227f.).

Der in Oakland tätige Organizer Josh Warren-White hat in seiner aktuellen Untersuchung zum revolutionären Community Organizing festgestellt, dass alle auch hier besprochenen Organisationen von der Notwendigkeit eines revolutionären Bewusstseins und entsprechender analytischer Fähigkeiten überzeugt sind, »um die Welt zu verstehen und Interventionsmöglichkeiten für einen sozialen Wandel zu erkennen« (Warren-White 2007: 17). BRU, POWER und CJJC bieten »regelmäßige Workshops zu politischer Analyse und organisatorischen Fähigkeiten an, um ihre Mitglieder in die Lage zu versetzen, sich für [...] soziale Gerechtigkeit zu engagieren. Die meisten Organisationen betrachten ihre Kampagnen auch als praktische Schule, in der Menschen diese Fähigkeiten lernen (ebd.: 18).

Die Beantwortung der Frage, wie eine tatsächliche Basisorganisation entstehen kann, hängt unmittelbar damit zusammen, was das Ziel von Basisorganisation ist. Die hier vorgestellten Organisationen betrachten als übergeordnetes Ziel ihrer politischen Basisarbeit, dass unterdrückte Gruppen ihre eigenen

Kämpfe führen bzw. diesen Kämpfen Richtungen geben können. Dieses Ziel bringt unmittelbar den Anspruch mit sich, möglichst viele Menschen mit Hilfe von transparenten und basisdemokratischen Strukturen in die Entscheidungsprozesse einzubinden. Gleichzeitig ist es entscheidend, dass die Organizer_innen und die Basis durch regelmäßige Workshops kontinuierlich inhaltlich und praktisch dazu lernen. Verbindliche Kontakte, basisdemokratische Strukturen und politische Bildung sind wesentliche Voraussetzungen dafür, dass Basisarbeit zu größeren und durchsetzungsstärkeren Organisationen führt. Um all dies zu beschreiben, wird in den USA ein vielschichtiger Begriff genutzt, der in der deutschsprachigen Debatte missverständlich sein kann und deswegen kurz vorgestellt wird: *leadership*[14].

Die direkte Übersetzung von Leadership lautet Führung oder Anführung. Im Kontext US-amerikanischen Community Organizings hat Leadership jedoch einen basisdemokratischen Gehalt. Leadership hervorzuheben ermöglicht es, *Verantwortlichkeiten* klar zu benennen. Damit wird in linken Gruppen der Tendenz entgegen gewirkt, so zu tun, als würden alle die gleiche Verantwortung übernehmen und als würden alle gleichberechtigt an Diskussionen und Entscheidungen teilhaben. Dies führt oft dazu, dass ein wesentlich stärkerer Einfluss einiger Weniger auf Entscheidungen der Organisation versteckt wird. Eine klare Definition davon, wann die Gruppe entscheidet, wann eine Delegation entscheidet, in welchen Situationen Einzelpersonen entscheiden dürfen und wer welchen Einfluss auf die Entscheidungen nimmt, ermöglicht zu jeder Zeit eine Reflexion und Veränderung der bestehenden organisationsinternen Machtverhältnisse und Entscheidungsstrukturen.

Leadership wird *von unten* nach oben und *kollektiv* gedacht. Statt eine kleine Gruppe zur Bewegungselite zu befördern, soll die Herausbildung von Leadership zum Aufbau basisdemokratischer Strukturen beitragen. Dafür ist es nötig, möglichst vielen Menschen analytische und praktische Fähigkeiten an die Hand zu geben. Nur so kann die Basis in sozialen Kämpfen eine *richtungsweisende Rolle* spielen, ohne auf Bewegungsexpert_innen angewiesen zu sein. Eric Mann hat Recht, wenn er sagt, dass unterdrückten Gruppen historisch immer die Perspektive aufgezwungen wurde, sie wären nicht in der Lage Verantwortung (Leadership) für sich selbst oder soziale Bewegungen zu übernehmen. Die Beschränkung auf die Rolle der Nebendarstellerin ist ein zentrales Herrschaftsinstrument, aus dem transformatives Community Organizing versucht auszubrechen. Denn wenn davon ausgegangen wird, dass eine grundlegende Veränderung der Gesellschaft von den Menschen in der Nachbarschaft selbst ausgeht, dann sollten Erfahrungen und Fähigkeiten, die für die politische

14 Für eine theoriegeleitete Diskussion und historische Einordnung des Leadership-Begriffs siehe: Kaindl/Rilling 2011.

Auseinandersetzung relevant sind, so breit wie möglich verankert werden (Warren-White 2007: 17).

Leadership spielt nicht nur in strategischen Entscheidungen oder in der politischen Bildung eine Rolle. Hier geht es um eine Haltung, um die Art und Weise, wie Menschen miteinander umgehen, ob sie im sozialen Umgang und bei der politischen Arbeit verschiedene Erfahrungen und Geschichten anerkennen. Und ob sie sich selbst und andere in ihrer politischen Arbeit und ihren Zielen *ernst nehmen*. Ohne gegenseitige Akzeptanz und ernsthafte Solidarität, die eben auch vorgelebt werden muss, wird es kein transformatives Community Organizing geben. Auch das ist Leadership. Ein Zitat soll das verdeutlichen:

> Wir müssen einen Weg finden, wie wir neue Formen von Leadership entwickeln können [...] Menschen zum Beispiel, die zu einem Treffen kommen und konstruktiv sind, die dem Programm folgen oder sich an das Zeitlimit halten, da würde ich sagen, das ist Leadership. Wenn afro-amerikanische Mitglieder, die kein Spanisch sprechen, zu spanisch sprechenden Mitgliedern hingehen und sie begrüßen, dann üben sie Leadership aus. [...] Wir müssen also breiter definieren, was Leadership ist, wir müssen aber auch einen Weg finden, dies kollektiv zu tragen (Williams 2011).

Im Kontext transformativen Community Organizings bezeichnet Leadership also klar definierte Verantwortlichkeiten, ein Streben nach einem möglichst umfangreichen Austausch von Erfahrungen und Fähigkeiten, eine basisdemokratische Entscheidungsfindung und den Anspruch, dass unterdrückte Gruppen in sozialen Kämpfen die Richtung vorgeben. In dieser Form steht es Demokratie nicht entgegen und ist auch nicht mit Manipulation zu verwechseln (Fisher 1994: 116). Der Vorwurf, transformative Community-Organisationen würden Menschen manipulieren, ist eine uralte Kritik von liberaler Seite. Im Gegensatz zum liberalen Organizing entscheidet die Basis in transformativen Organisationen gemeinschaftlich über ihre Strategie und ist sich über ihre politische Positionierung bewusst.

Konfrontative Politik

Mit einer kritischen Analyse aktueller Geschehnisse und mit einer funktionierenden Basisorganisation ist es transformativen Nachbarschaftsorganisationen möglich, ihr Umfeld politisch zu verändern. Wie in Kapitel 3 beschrieben, orientieren sich die meisten Autor_innen, wenn sie Formen des Community Organizings unterscheiden, an der Art und Weise, wie die Organisationen nach außen agieren. Sie unterscheiden dabei zwischen konflikt- und konsensorientierten Modellen. Diese Unterscheidung ignoriert jedoch die inhaltlichen Positionen der Organisationen. Im Fall von Alinskys Organisationen hat dies dazu geführt, dass deren liberalen Inhalte hinter konfrontativen Taktiken verschwanden, bis sie in den 1960er Jahren ihre taktische Ausrichtung mit ihrer herrschaftsfreundlichen Position in Einklang brachten.

Transformative Community-Organisationen haben mehrere Gründe für ihre konfrontative Taktik. Oft sehen sie keine andere Möglichkeit, als direkte Aktionen zu nutzen, um die herrschende Klasse von ihren Forderungen zu überzeugen. Dies gilt insbesondere dann, wenn die Forderungen innerhalb des gesetzlichen Status quo nicht zu verwirklichen sind. Außerdem ist es eine nicht zu unterschätzende politische Erfahrung, wenn gerechtfertigte Anliegen von staatlicher oder privater Gewalt beiseite geschoben oder beiseite geprügelt werden. Eine Politisierung, die aus einer – hoffentlich von Einsicht der Entscheidungsträger_innen geprägten – direkten Konfrontation mit den Herrschaftslogiken erwächst, wirkt oft eindringlicher als jeder Workshop. Konfrontationen bewirken, dass sich die Organisation immer wieder bewusst macht, wo sie gesellschaftlich steht. Die Wahl konfrontativer Mittel schützt so vor einer Vereinnahmung durch den Partizipationszirkus neoliberaler Stadtpolitik (siehe Kapitel 6).

Transformative Nachbarschaftsorganisationen gehen in ihren Kampagnen über die Selbstbegrenzung liberaler Organisationen hinaus, die nur Kämpfe führen, die sie auch gewinnen können. Williams beschreibt diesen Unterschied sehr anschaulich:

> Noch eine Sache, die dieses Organizing-Modell vom Alinsky-Modell unterscheidet, ist, dass unsere Kampagnen nicht immer zu gewinnen sind. Und ich glaube, dass wir als Organisation oft Kämpfe geführt haben, weil wir geglaubt haben, dass es wichtig ist, diese Kämpfe zu führen, obwohl wir wussten, dass wir verlieren werden. Wenn wir nur Kampagnen machen, die wir erfolgreich abschließen können, dann kämpfen wir aus meiner Erfahrung nicht für das, was unsere Leute verdient haben. Zweitens: Es gibt Zeiten, in denen die Angriffe von rechts mit so einer Intensität kommen, dass es sein kann, dass wir verlieren. Aber oft sind Menschen nicht notwendigerweise durch die Perspektive des Sieges, sondern dadurch inspiriert, dass wir ehrlich, in ihrem Interesse, auf ihre Art kämpfen. Und manchmal ist es einfach wichtig zu kämpfen, selbst wenn du weißt, dass sie dir die Zähne eintreten (Williams 2011).

Williams trifft in dem Zitat den Kern der Frage nach den Aktionsformen transformativen Community-Organisationen: Aus ihren Kampagnen muss unmittelbar hervorgehen, dass sie eine emanzipatorische Vision für die Gesellschaft vertreten. Die Unvereinbarkeit der eigenen Ansprüche mit den aktuellen Herrschaftsformen drückt sich in Forderungen aus, die über gewinnbare Kampagnen hinausgehen. Sie sollten die Bewohner_innen eines Stadtteils inhaltlich herausfordern, sie dazu zwingen, sich politisch auseinanderzusetzen und zu positionieren.

Mann gibt für das Strategy Center eine Vielzahl von Beispielen und deutet mit dem Slogan der »gegen-hegemonialen Forderungsentwicklung« die angestrebte Reichweite an. So hat das Strategy Center dafür gekämpft, dass das multi-nationale Ölunternehmen Texaco die Umweltverschmutzungen in der Nähe von Los Angeles drastisch senkt. Außerdem forderte es die Einrichtung eines kommunalen Krankenhauses. Während der Kampagne hat sich das Strategy Center mit Basisgruppen in Ecuador verbündet, weil Texaco auch dort massiv die Umwelt verschmutzt. Der internationale Charakter der Kampagne hat die Sichtweise der Beteiligten verändert. Das Strategy Center forderte auch eine Ende rassistischer Diskriminierung im öffentlichen Nahverkehr oder »1.000 neue Busse, 1.000 weniger Polizist_innen«. Und Sie fordern die Freilassung aller 2,5 Millionen Gefangenen und die Öffnung der Grenzen. Diese Forderungen sollen in ihrer Breite und Deutlichkeit die Vision einer besseren Gesellschaft vermitteln.

Auch in anderen Städten formulieren transformative Community-Organisationen Forderungen, die die neoliberale Hegemonie herausfordern. POWER fordert einen kostenlosen Nahverkehr für Kinder und Jugendliche in San Francisco, CJJC fordert ein Ende der Zwangsräumungen in Oakland und TWU haben in Alexandria/Virginia für einen Mindestlohn gekämpft. Alle der genannten Kampagnen konnten (Teil-)Erfolge erzielen. Die BRU hat knapp 2,7 Milliarden Dollar für den Nahverkehr erstritten, was vor allem einkommensschwachen People of Color zu Gute kommt. In San Francisco ist der Nahverkehr für Jugendliche aus einkommensschwachen Familien jetzt kostenlos, in Oakland wurde ein Gesetz geändert, um Zwangsräumungen aufgrund von Betriebskostenschulden zu verbieten und in Alexandria existiert jetzt ein Mindestlohn für städtische Beschäftigte von 11 Dollar pro Stunde. Auch wenn die Kampagnen in keinem Fall komplett erfolgreich waren, haben sie durch den Inhalt ihrer Forderungen die herrschenden Denkweisen untergraben und deren öffentliche Meinungshoheit angegriffen. Viele andere Kampagnen waren nicht erfolgreich, haben aber den Status quo zumindest herausgefordert und eine andere Welt für einen kurzen Moment sichtbar gemacht.

Gerade weil die Kampagnen eine gesellschaftliche Vision widerspiegeln sollen, ist es wichtig, sie nicht der Nachbarschaft oder der eigenen Organisation *von oben* aufzuzwingen. Die gesellschaftlichen Visionen und die Forderungen, Kampagnen und Aktionsformen, die diese angemessen ausdrücken, müssen stattdessen in einer langen Vorlaufzeit gemeinschaftlich *von unten* entwickelt werden, auch wenn das die regelmäßige Erfahrung des Scheiterns mit sich bringt. Die Art und Weise wie die Forderungen erarbeitet werden, ist ebenso wichtig wie der Inhalt der Forderungen selbst. Wenn die Kampagnen mit direkten Aktionen durchgesetzt werden sollen, müssen die Beteiligten hinter dem Diskussionsprozess stehen, um vertrauensvoll zusammenzuarbeiten.

Solidarität

Die beschriebenen Nachbarschaftsorganisationen sind davon überzeugt, dass sich umfangreiche gesellschaftliche Veränderungen nur gemeinsam durchsetzen lassen. Einzelne Gruppen haben weder die politische Reichweite noch die Erfahrung, der alltäglichen Komplexität gerecht werden zu können. Da sie es sich zum Ziel setzen, größere und allgemeinere Aspekte des Zusammenlebens zu adressieren, sind sie zwingend darauf angewiesen, mit anderen zusammenzuarbeiten. Viele transformative Organisationen haben daher Bündnisse, Koalitionen, gemeinsame Kampagnen oder Netzwerke etabliert, die ein koordiniertes Handeln über den Stadtteil hinaus ermöglichen. Das RTTC-Bündnis ist einer dieser Zusammenschlüsse. Es schafft den Rahmen für einen kontinuierlichen Austausch der Mitgliedsorganisationen, es koordiniert gemeinsame Kampagnen und stellt Verbindungen zu sozialen Bewegungen auf anderen Kontinenten, insbesondere in Latein-Amerika, her.

Transformative Community-Organisationen beschreiben diese Aufgabe als *movement building*. Sie verstehen darunter, aktiv daran zu arbeiten, dass aus vereinzelten Organisationen eine transformative soziale Bewegung wird, die überregional intervenieren und strukturelle Veränderungen herbeiführen kann. Einen funktionierenden Umgang mit ihrer eigenen Vielfalt gefunden zu haben, ist die aktuelle Stärke des RTTC-Bündnisses. Es verbindet Kämpfe um die gesellschaftliche Anerkennung alltäglicher Bedürfnisse und um eine höhere Lebensqualität mit einer strukturellen Analyse von Unterdrückung. Das RTTC-Bündnis stellt ein Konzept zur Verfügung, mit dem über 40 Organisationen aus 13 Bundesstaaten einheitlich auftreten können, ohne ihre Verschiedenheit aufzugeben:

> Das Konzept ›Recht auf Stadt‹ fungiert weniger als starres theoretisches Modell, sondern eher als radikaler Slogan, das existierende, ähnlich denkende Organisationen für ein gemeinsames politisches Anliegen und eine Vision zusammenbringt. Für das Bündnis ist das Konzept ›Recht auf Stadt‹ eine flexible Theorie, die Gruppen hinter einer Kritik an den Folgen des neoliberalen Kapitalismus für Menschen der Arbeiterklasse und People of Color versammelt (Fischer u.a. 2013: 161).

Transformative Nachbarschaftsorganisationen sind darauf angewiesen eine funktionierende Zusammenarbeit mit anderen Akteuren sozialer Bewegungen aufzubauen, d.h. eine *Bewegung sozialer Bewegungen* (Mann 2011: 200) hervorzubringen.

Dafür ist es entscheidend, inhaltliche oder strategische Debatten nicht in Grabenkämpfen auszutragen. Das Konzept transformativen Community Organizings ermöglicht einen solidarischen Bezug unterschiedlichster Organisationen. Mann hat in Kapitel 2 angedeutet, dass einige Menschen mit abweichenden inhaltlichen oder strategischen Vorstellungen das Strategy Center in der Vergangenheit verlassen haben. Mit neuen Organisationen und anderen politischen Ansätzen sind sie heute Verbündete des Strategy Centers im Kampf um die Stadt. Solidarität bedeutet auch Respekt und Offenheit gegenüber anderen Organisationsansätzen. Innerhalb einer Organisation macht es aber keinen Sinn, »in entgegengesetzte Richtungen zu gehen« (Mann).

Robert Fisher und Eric Shragge warnen davor, dass Community-Organisationen ohne landesweite oder internationale Vernetzung Gefahr laufen, sich im Stadtteil einzusperren und den Blick für gesamtgesellschaftliche Probleme zu verlieren:

> Wenn Community Organizing nicht an eine soziale Bewegung oder an eine Werteorientierung/Ideologie angeschlossen ist, die die Grenzen des Lokalen überwindet und die Menschen in einen umfangreicheren und länger angelegten Kampf bringt, dann [...] kommt Community Organizing nicht weit und gewinnt nicht viel (Fisher/Shragge 2000: 4).

Angesichts der von Armut und Diskriminierung geprägten Lebensumstände einkommensarmer Menschen und People of Color in den Städten der USA versuchen transformative Nachbarschaftsorganisationen solidarisch mit ihren jeweiligen Kämpfen zu sein, ohne gegenseitige Kritik auszusparen. Dies birgt in der Praxis zahlreiche Fallstricke. Mann hat in unserem Gespräch das Beispiel des »schrecklichen und herzzerreißenden Widerspruchs« genannt, in den afroamerikanische und latein-amerikanische Mitglieder durch ihre Konkurrenz auf dem Arbeitsmarkt gezwungen werden. Das oft entstandene Misstrauen zwischen zwei unterschiedlich diskriminierten Gruppen erschwert es transformative Forderungen aufzustellen.

Solche aus ihren unterschiedlichen Lebenssituationen und Diskriminierungserfahrungen entstandenen Widersprüche solidarisch zu überbrücken und das Bewusstsein ständig zu erneuern, Teil einer gemeinsamen sozialen Bewegung zu sein, hat sich in der Praxis des transformativen Community Organizings bewährt. Der ausdrückliche Versuch, umfangreiche gesellschaftliche Veränderungen durch die Kombination kritischer Analyse, politischer Basisarbeit, konfrontativer Politikformen und den aktiven Aufbau sozialer Bewegungen durchzusetzen, unterscheidet transformatives Community Organizing von anderen Ansätzen der Basisorganisation (Fisher u.a. 2013: 161).

Soziale Such-Bewegung

Transformatives Community Organizing bedeutet auch kontinuierliche Selbstüberprüfung. Spiegeln die Analyse, die Basisarbeit, die Kampagnen und die Vernetzungsarbeit noch die Vision einer besseren Gesellschaft wider? Wird die politische Praxis den Verhältnissen noch gerecht? Reflexion ist unverzichtbarer Bestandteil von Organizing. Die genannten Organisationen reservieren regelmäßig ganze Tage, Wochen oder sogar Monate für intensive Diskussionen, die eine Weiterentwicklung oder Korrektur der eigenen Praxis zur Folge haben.

Sie sind sich bewusst, dass es nicht *die* beste Organisationsform gibt. Verschiedene Orte und Zeiten erfordern unterschiedliche Antworten. Auch wenn sich die nachgezeichneten vier Eckpunkte transformativen Community Organizings als sinnvoll herausstellen, müssen die betroffenen Menschen die organisatorische Richtung selbst vorgeben. Aus der Geschichte zu lernen und über den eigenen Tellerrand zu schauen, kann lediglich Denkanstöße geben. Einige Fragen tauchen seit den 1880er Jahren immer wieder auf und sollen daher hier kurz Erwähnung finden.

Eine viel diskutierte und dennoch ungeklärte Frage ist die der formalen Struktur. Viele Organisationen haben den rechtlichen Status einer gemeinnützigen Organisation, vergleichbar mit einem eingetragenen Verein in der BRD, und setzen aus den skizzierten Gründen auf eine relativ stark formalisierte Struktur. Die lange Lebensdauer und die anhaltend transformativen Forderungen vieler Community-Organisationen deuten darauf hin, dass dieser Ansatz Erfolg haben kann. Dennoch wird innerhalb der genannten Organisationen regelmäßig kritisch über den eigenen Rechtsstatus nachgedacht, da er durch den immer drohenden Entzug der Gemeinnützigkeit sehr angreifbar ist.

Eine weitere Schwierigkeit ist es, die Kluft zwischen den konkreten Problemen im Stadtteil und den allgemeineren gesellschaftlichen Zusammenhängen oder den politischen Bedingungen auf der landesweiten Ebene zu schließen. In der alltäglichen Arbeit ist es mitunter verleitend, die Verhältnisse außerhalb der eigenen Nachbarschaft zu ignorieren und die eigene Praxis davon unberührt zu lassen. Das RTTC-Bündnis oder die konsequente Selbstreflexion des Strategy Centers sind vielversprechende Varianten, dieses Problem zu lösen.

Eine damit verbundene Unklarheit betrifft die Finanzierung der Organisation oder die Frage nach der Bereitstellung sozialer Angebote. Die organisatorischen Ansätze zu diesem Thema sind sehr unterschiedlich und sollten nicht gegeneinander diskutiert werden. Wie schon bei der Frage nach der formalen Struktur müssen sich Community-Organisationen nach ihren Gegebenheiten entscheiden, ob sie staatliche Gelder oder Förderungen von Stiftungen einwerben, und wenn ja in welchem Rahmen. Im gleichen Atemzug kann es sinnvoll sein, soziale Angebote selbst zu organisieren und zur Verfügung zu stellen, wenn diese in einen umfangreicheren politischen Prozess eingebunden sind. Alle Autor_innen kritisieren hingegen Dienstleistungsangebote und Community Development-Projekte, die an keinen politischen Prozess angebunden sind und als Selbstzweck existieren.

Die Perspektive auf gesellschaftliche Vielfalt und Intersektionalität ist innerhalb transformativer Community-Organisationen eindeutig. Alle Organisationen verfolgen einen kämpferischen Umgang mit Vielfalt und setzen sich zum

Ziel, die integrierten Formen der Unterdrückung entlang der eigenen Erfahrungen langfristig zu überwinden. Die betroffenen gesellschaftlichen Gruppen sollen in dieser Auseinandersetzung die Richtung vorgeben. Die praktische Umsetzung dieser Vorstellung ist noch lange nicht abgeschlossen und bedarf einer ständigen Reflexion. Nicht geklärt ist in diesem Zusammenhang der Umgang mit neoliberalen Vereinnahmungsversuchen und Gegen-Organisierungen. Dies berührt auch die Frage, wann und wie Bündnisse mit weniger kritischen Akteuren eingegangen werden können und sollen. Die Beteiligung des Strategy Centers an der Wahlkampagne Barack Obamas könnte als Anlass genommen werden, diese praktische Frage ohne zynische Rechthaberei und unter gegenhegemonialen Geschichtspunkten zu diskutieren.

Was für den Umgang mit Vielfalt und Intersektionalität gilt, kann auch auf das Thema der Basisdemokratie übertragen werden. Transformatives Community Organizing ist ein Angebot basisdemokratischer Nachbarschaftsorganisation, das aber auf die Organisation begrenzt bleibt. Die Frage, wie grundlegende politische Prozesse über die eigene Organisation hinaus organisiert werden können, bleibt offen. Auch das Verhältnis von organisationsinterner Demokratie und bezahlten Organizer_innen im praktischen Konzept des Leadership ist nicht immer optimal und erfordert eine kontinuierliche Korrektur und das Eingestehen von Fehlern. Was zählt sind der konsequente Anspruch und die praktischen Versuche, die zusammenwirkenden, unterschiedlichen gesellschaftlichen Herrschaftsformen durch basisdemokratische Organisierung herauszufordern.

06 Community Organizing in der BRD

Auch für die politische Nachbarschaftsarbeit in der BRD kann die Unterscheidung zwischen liberalen und transformativen Formen des Community Organizings helfen, die vorhandenen Konzepte klar abzugrenzen und grundlegende Fragen politischer Organisierung nicht aus den Augen zu verlieren. Werden grundsätzliche Schieflagen der Gesellschaft thematisiert oder ausgeblendet? Wird sich mit deren Verursacher_innen verbündet oder werden diese politisch angegriffen? Wird Community Organizing auch als Arbeit für umfangreichere politische Anliegen und die Stärkung sozialer Bewegungen betrachtet oder als Methodenbaukasten für Einzelkonflikte? Wird bei entgegengesetzten Interessen innerhalb der Nachbarschaft Partei ergriffen oder werden auftretende Widersprüche verdeckt? Ist kritische politische Bildung Bestandteil der Organisierung oder geht es, wenn überhaupt, nur um die Vermittlung technischer Fähigkeiten?

Im dritten Kapitel dieses Buches habe ich die Trennlinie zwischen transformativem und liberalem Community Organizing anhand grober Orientierungspunkte verortet. Nach den letzten beiden Kapiteln ist ihr Verlauf durch einen historischen Rückblick auf die US-amerikanische Entwicklung der Nachbarschaftsorganisierung, durch heutige Beispiele und theoretische Überlegungen genauer zu erkennen. Aber wo verläuft diese Trennlinie in der BRD?

Community Organizing hat in der BRD eine relativ kurze und selten kritische Geschichte. Es wird oftmals unter der Bezeichnung *Gemeinwesenarbeit (GWA)* diskutiert, einem Begriff aus der Sozialen Arbeit, der eine dritte Methode neben Einzelfallhilfe und Gruppenarbeit beschreibt. Wie auch in den USA wird Community Organizing bzw. GWA in der BRD schwerpunktmäßig aus sozialpädagogischer Perspektive behandelt.

Bis in die 1960er Jahre wurde GWA als karitative Sozialtherapie verstanden. Ende der 1960er Jahre begannen Sozialarbeiter_innen und Wissenschaftler_innen sie als eine Praxis zu kritisieren, die gesellschaftliche Verwerfungen legitimiere und aufrechterhalte (Mohrlok u.a. 1993: 45). Im Zeichen erneuter Wirtschaftskrisen und diverser Protestbewegungen positionierten sich einige Vertreter_innen für eine politische, parteiische, konfliktorientierte und Selbstorganisation fördernde Form der GWA. Diese sollte bei entgegengesetzten Interessen die auftretenden Konflikte nicht schlichten, sondern sie kämpferisch austragen (ebd.). Die Forderung nahm unter anderem Bezug auf Anfang der 1930er Jahre von der KPD unternommene Versuche, in armen Stadtteilen – ähnlich der Arbeitslosenräte in den USA – Basisorganisationen aufzubauen.

Diese kämpferische Perspektive auf GWA konnte sich in den folgenden Jahrzehnten - von wenigen Ausnahmen abgesehen - nicht durchsetzen. Die kritische Debatte innerhalb der Sozialen Arbeit ist inzwischen fast verstummt. Neben der Sozialen Arbeit setzen sich seit einigen Jahren Gewerkschaften und

Parteien mit (Community) Organizing auseinander, um es für ihre Anliegen nutzbar zu machen. Weil es den Rahmen dieses Buches sprengen würde, werde ich aber weder auf die sozialarbeiterische noch auf die gewerkschaftliche Debatte näher eingehen.

Zu Community Organizing im Sinne einer ausdrücklich politischen, emanzipatorischen Intervention in die und aus der Nachbarschaft gibt es fast keine kritische deutschsprachige Literatur.[15] Seit wenigen Jahren erproben einige politische Initiativen jedoch organisatorische Ansätze, die dem transformativem Community Organizing ähneln. Im Folgenden werden zuerst aktuelle neoliberale Formen des Community Organizings in Berlin – Quartiersmanagements und Bürgerplattformen – problematisiert und am Beispiel der Bürgerplattform Wedding/Moabit ausführlich kritisiert. Anschließend richten wir den Blick auf emanzipatorische Initiativen, die den Status quo in der Stadt- und Sozialpolitik herausfordern. Dafür werden Vertreter_innen des Bündnisses *Zwangsräumungen verhindern* und der Mieterorganisation *Kotti & Co* zu Wort kommen. Die politische Arbeit der Erwerbsloseninitiative BASTA hatte ebenfalls Einfluss auf die Argumentation in diesem Buch. Die Erfahrungen dieser Initiativen werden im darauf folgenden Kapitel diskutiert und verallgemeinert, bevor sie im Schlusskapitel abschließend bewertet werden.

Die Organisierung neoliberaler Aufwertungskoalitionen – Quartiersmanagement und Bürgerplattformen

In der BRD greifen verschiedene Stiftungen und staatliche Verwaltungen auf Ansätze liberalen Community Organizings zurück, um Bürger_innen in einen unkritischen politischen Prozess auf der Nachbarschaftsebene einzubinden. Sie fordern eine stärkere Einbeziehung der Bürger_innen in die städtebauliche Planung und plädieren gleichzeitig für eine Nicht-Thematisierung grundlegender Entwicklungsziele in der Stadtpolitik. Eine Veröffentlichung des Deutschen Instituts für Urbanistik (DIFU), erstellt anlässlich der Gründung der Berliner Quartiersmanagements im Rahmen des Bund-Länder-Programms »Soziale Stadt«, unterstreicht diese Tendenz:

> In diesem Rahmen übernimmt das Quartiersmanagement Aufgaben der Bewohneraktivierung, Stadtteilkoordination (z.B. Aufbau von Kooperationen auf gesamtstädtischer und Stadtteilebene), Projektinitiierung, Mittelakquisition, Öffentlichkeitsarbeit und Erfolgskontrolle/Berichterstattung. Es ist die ›antreibende Kraft‹ vor Ort. Von zentraler Bedeutung ist die Aktivierung der Bewohnerinnen und Bewohner, vor allem bisher schwer erreichbarer Gruppen. [...] Damit wird das Quartiersmanagement zu einer ebenenübergreifenden

15 Die Ausnahmen sind – wie in der Einleitung erwähnt – Kaindl/Rilling (2011); Mohrlock u.a. (1993); Rothschuh (2013).

intermediären Instanz zwischen Bewohner-, Verwaltungs- und Wirtschaftsinteressen (DIFU 2000: 2f.).

In diesem Zitat wird eigentlich alles gesagt, was es zu neoliberalen Beteiligungsformen zu sagen gibt. Sie existieren zur Vermittlung von Wirtschaftsinteressen in die Nachbarschaft. Stadtteile sollen Mittel für Projekte selbst auftreiben, damit die Koordination, Öffentlichkeitsarbeit und Erfolgskontrolle auch funktioniert. Die seit Ende der 1990er Jahre einseitig ausgerufene Partnerschaft zwischen Bürger_innen, Verwaltung und Wirtschaftsinteressen dient dazu, ein vermeintliches gemeinsames Interesse an einer ökonomischen Aufwertung der Stadtteile zu formulieren und durchzusetzen.

Seitdem werden in sogenannten »Problembezirken« bundesdeutscher Städte Quartiersmanagements eingerichtet, um die Stadtteile systematisch aufzuwerten und um die Rechtfertigungskluft zwischen neoliberalen Versprechen und der ernüchternden, von Zwangsumzügen und prekärer Beschäftigung geprägten Realität zu schließen. Die stattfindende Aufwertung orientiert sich vor allem an Wirtschaftswachstum und Profitsteigerung. In der Praxis drückt sich diese ökonomische Zurichtung der Stadtteile in steigenden Mieten und Lebenserhaltungskosten aus. Obwohl steigende Mieten vor allem aus dem Verwertungsdruck des angelegten Kapitals, also aus einer dem kapitalistischen Wohnungsmarkt innewohnenden Profitlogik resultieren, stellen die Quartiersmanagements ein wichtiges Element zur Legitimierung und Anpassung der Aufwertungsprogramme an die jeweiligen lokalen Eigenheiten dar.

Die Kritik an den Quartiersmanagements und anderen Beteiligungsformen (Runde Tische, Bürgerhaushalte, Stadtteilvertretungen, Bürgerentscheide etc.) sollte an der mangelnden demokratischen Entscheidungsmacht solcher Mitmach-Gremien ansetzen. In all den genannten Beteiligungsformen lassen die Veranstalter_innen nicht zu, dass sich die Beteiligten gegen die auf Landes- oder Bundesebene getroffenen Entscheidungen stellen. Sie können die profitorientierte Stadtpolitik nur mitgestalten.

Die Initiator_innen der Mitmach-Gremien gehen wie andere liberale Community-Organisationen von einer einheitlichen Community mit gemeinsamen Interessen aus, die es zu aktivieren gilt. Die Nachbarschaft wird zwar diffus als vielfältig wahrgenommen, entgegengesetzte Interessen oder Bedürfnisse werden aber ignoriert. Auch die Veröffentlichungen der Berliner Bezirksämter und Quartiersmanagements beschreiben einen vermeintlich einheitlichen neoliberalen Politikblock in der Bezirks- und Stadtpolitik.

Die Quartiersmanagements sichern neoliberale Politik nicht nur ideologisch, sondern auch praktisch ab. In Zusammenarbeit mit den Jobcentern zwingen sie Erwerbslose in Arbeitsplätze bei freien Trägern. Als »Kiezläufer«, »Green Cops« oder »Platzmeister« sollen sie in der Nachbarschaft für Ordnung sorgen. Der Sozialwissenschaftler Volker Eick weist treffend darauf hin, dass sich die Verschärfungen der Agenda 2010 im »Quartiersmanagement niederschlagen und sich die Verpflichtung zur ›Arbeit um jeden Preis‹ an den sogenannten sozialen Brennpunkten aktualisieren [dürfte]« (Eick 2005: 6). Die Einrichtung von Quartiersmanagements zeige, dass »neoliberale Verwüstungen« zwar erkannt, aber de-politisiert und – ganz im Sinne liberalen Community Organizings – auf Einzelfälle und technische Fragen reduziert werden. Die Bewohner_innen der Stadtteile sollen sich mit neoliberalen Empowerment-Strategien selbst helfen (ebd.: 10).

Während Quartiersmanagements sich begrifflich nicht auf Community Organizing beziehen, lehnen sich das *Forum für Community Organizing (FOCO)* und das *Deutsche Institut für Community Organizing (DICO)* ausdrücklich an die liberale US-amerikanische Tradition an. Das FOCO ist formal ein Verein und vernetzt seit 20 Jahren die bundesdeutsche Debatte, bietet Schulungen zu Community Organizing an, unterstützt entsprechende Projekte und veröffentlicht zum Thema. Durch den Netzwerkcharakter ist es relativ heterogen zusammengesetzt. Das DICO ist demgegenüber wesentlich stringenter organisiert. Der US-amerikanische Professor Leo Penta hat an der katholischen Fachhochschule in Berlin Schöneweide ein Institut geschaffen, das als neoliberaler Think Tank versucht, die Debatte um Community Organizing zu monopolisieren. Auch das DICO führt Schulungen durch und baut eigene Community Organizing-Projekte auf.

Alle Autor_innen, die im Rahmen des FOCO und des DICO publizieren, richten den Blick ausschließlich auf Saul Alinsky, auf seine Texte und auf an ihn angelehnte Organisationen. Folgerichtig haben beide sehr ähnliche Perspektiven auf das Thema:

> **DICO**
> Community Organizing ist ein parteipolitisch und konfessionell unabhängiger Ansatz, um lösungsorientiertes, zivilgesellschaftliches Engagement auf breiter gesellschaftlicher Basis von unten aufzubauen. Organizing zielt darauf, Menschen zu befähigen, ihr eigenes Leben, das gesellschaftliche Zusammenleben und damit das öffentliche Leben (wieder) gemeinsam mit anderen zu gestalten, gegebenenfalls zu verändern, zu entwickeln, d. h. persönlich und öffentlich-politisch handlungsfähig zu werden (Penta/Sander 2007: 2).

> **FOCO**
> Community Organizing ist ein demokratisch geführter, langfristiger Prozess, in dem Menschen zusammen nach ihrem gemeinschaftlichen Eigeninteresse handeln, um Probleme und deren Lösungen in ihrem gemeinschaftlichen Leben zu identifizieren, Machtstrukturen aufbauen, um diese zu nutzen, Lösungen umzusetzen (ECON 2012: 7).

Theoretischer Bezugspunkt beider Organisationen ist die US-amerikanische Debatte zu Community Development. Die im vierten Kapitel formulierte

Kritik zu dieser kooperativen Form liberalen Community Organizings gilt entsprechend auch hier: Das DICO und ein Großteil des FOCO predigen das Märchen, sie würden nicht-ideologisches Community Organizing betreiben. Ihre Politik beruht auf einer stark unterkomplexen Analyse der in ihren Nachbarschaften auftretenden Probleme. Ihnen zufolge reiche es aus, wenn Bürger_innen in Bezug auf die identifizierten Probleme auf »Augenhöhe mit Staat und Wirtschaft« Kompromisse aushandeln (Penta/Sander 2007). Der Anspruch, die Verhältnisse ändern zu wollen, kommt schon theoretisch nicht vor. Darüber hinaus führen sie nur Kämpfe, die sie auch gewinnen können. Sie beschränken sich auf Themen, die ausschließlich den Stadtteil betreffen, finanzieren sich durch große Unternehmen, und gehen von einer einheitlichen Community und gemeinsamen Interessen in der Community aus.

Insgesamt verfolgen das DICO und das FOCO einen konfliktfreien und marktfreundlichen Ansatz des Community Organizings. Innerhalb des FOCO kommen aufgrund seines Netzwerkcharakters auch vorsichtig kritische Stimmen zu Wort, die auf transformatives Community Organizing hinweisen (Rothschuh 2013). Das DICO betreibt in Berlin drei Bürgerplattformen. In den Bezirken Schöneweide (seit 2000), Wedding (seit 2008) und Neukölln (seit 2012) setzen sie ihre Vorstellung des Community Organizings in die Praxis um. Allen drei Bürgerplattformen sind ein oder zwei fest angestellte Organizer_innen zur Seite gestellt, die den Organisationsprozess in »geordnete« Bahnen lenken.

Im Jahr 2012 habe ich in einer qualitative Studie zur Bürgerplattform Wedding/Moabit (Maruschke 2014) vier Aspekte ihres Organisierungsansatzes problematisiert: das *Fehlen einer strukturellen Gesellschaftskritik*, die *kleinteilige Projektarbeit*, die *Entwicklung neoliberaler Kontroll- und Ausgrenzungsstrategien im Namen der Allgemeinheit* und die *Legitimation neoliberaler Programme durch neue Beteiligungsformen*. Die Ergebnisse der Studie zeigen, dass die Bürgerplattform Gentrifizierung und neoliberale Kontrollstrategien aktiv mitgestaltet. Sie betreibt und legitimiert so den urbanen Klassenkampf gegen die einkommensschwache Bevölkerung Weddings. Vormals emanzipatorische Positionen integriert sie in den neoliberalen Stadtentwicklungskontext und stärkt so dessen gesellschaftliche Basis. Diese Punkte schließen an die im vierten Kapitel formulierte Kritik am liberalen Community Organizing an. Sie verdeutlichen die Unfähigkeit (neo)liberaler Nachbarschaftsorganisationen, den gesellschaftlichen Verwüstungen substantiell etwas entgegenzusetzen.

Bevor die Bürgerplattform 2008 gegründet wurde, haben die Organizer_innen diverse Vertreter_innen von Kirchen- und Moscheegemeinden, Kulturvereinen, Obdachloseneinrichtungen, Jugendklubs, Kindergärten etc. angesprochen und dazu bewegt, sich an einen Tisch zu setzen. In Themenfindungsworkshops wurden die drei zentralen politischen Themen Jobcenter,

Bildung und öffentlicher Raum herausgefiltert. Seitdem treffen sich die Vertreter_innen oder Vorsitzenden der insgesamt ca. 30 Mitgliedsgruppen alle sechs bis acht Wochen in Arbeitsgruppen, um die Themen zu besprechen. Einmal im Jahr finden Vollversammlungen statt. Sind die eigenen Positionen gefunden, verhandelt die Bürgerplattform mit den Entscheidungsträger_innen der Jobcenter, Schulen, Bezirksämtern oder Polizeidirektionen über das Verwaltungshandeln. Wie ein aktives Mitglied der Bürgerplattform es ausgedrückt hat, versucht diese letztlich das zu erreichen, »was man von einer funktionierenden Verwaltung von selber erwarten würde«.

In der Auseinandersetzung mit dem Jobcenter wird explizit darauf verzichtet, mit den Menschen, die sich in der Bürgerplattform zusammenfinden, die gesellschaftliche Funktion dieser Institution zu diskutieren. Kein Wort zum Lohndruck auf existierende Arbeitsverhältnisse, zu subventionierten Niedriglöhnen, zum menschenunwürdigen Alltag im Jobcenter, zu entwürdigenden Maßnahmen, zur individualisierten Perspektive und zu den absolut unzureichenden Regelsätzen für Miete und Leben. Jenes Mitglied der Bürgerplattform hat es wie folgt formuliert:

> Also, wir sind ja alle gut dressierte Schafe in dieser Gesellschaft. Und von daher war die Autorität der Organizer natürlich sehr mächtig. Und es war immer ganz klar, dass wir jetzt über die Höhe vom ALGII nicht diskutieren. Das ist außerhalb von unserem Möglichkeitsbereich. Das war immer klar. Worüber dann wieder diskutiert wird, ist die AV Wohnen.

In der Diskussion um die Verwaltungsvorschrift »AV Wohnen«, die zusammen mit der »Wohnaufwendungsverordnung« (WAV) die Höhe der vom Jobcenter übernommenen Miete regelt, fordert die Bürgerplattform eine Erhöhung der Sätze. Dies ist eine sinnvolle und notwendige Forderung. Eine Lösungsperspektive für arbeitslose oder einkommensschwache Menschen, die von Verdrängung aus dem Stadtteil bedroht sind, bietet sie aber nicht. Die Bürgerplattform müsste beispielsweise auch die sie finanzierenden öffentlichen Wohnungsbaugesellschaften auffordern, die Mieten zu senken und so ein klares Zeichen gegen steigende Mieten setzen. Stattdessen zieht sie es vor, die Mietpreisspirale nicht zu hinterfragen oder zu kritisieren.

Die Bürgerplattform verweigert den Blick auf die Ursachen von Armut und Verdrängung. Dies drückt sich auch in der Mitwirkung an Aufwertungsprogrammen in Berlin-Wedding aus. Statt problematische Aspekte unternehmerischer Stadtpolitik zu thematisieren, wurde die Präsenz von Trinker_innen auf einem zentralen Platz zu einem massiven Problem überhöht. Anschließend wurden diese vom Platz verdrängt, ein Platzmanagement eingesetzt und die Einsatzstunden der Polizei nach oben verhandelt. Diesen Erfolg schreibt sich die Bürgerplattform nun auf die Fahnen. Im Gespräch berichten Mitglieder, die oft selber an der Armutsgrenze leben, dass kritische Nachfragen beispielsweise zum Thema der Gentrifizierung »immer so abgetan« wurden, das würde »hier nicht so durchschlagen«.

Statt die bevorstehende systematische Verdrängung einkommensschwacher Familien aus dem Stadtteil ernst zu nehmen, hat sich die Bürgerplattform die Trinker_innen als Ziel ihrer Politik ausgesucht. Nur das gezielte Einschreiten eines Einzelnen in die Meinungsbildung der Bürgerplattform hat deren komplette Vertreibung aus der Gegend verhindert.

Insgesamt behaupten alle drei Berliner Bürgerplattformen von sich, sie würden kein ideologisches Community Organizing betreiben. Dieser Anspruch übersetzt sich in eine Analyse, die die Ursachen der Alltagsprobleme im Jobcenter oder im öffentlichen Raum nicht erkennt. Es entsteht eine politische Praxis, die über den Status quo neoliberaler Stadtpolitik nicht hinaus kommt. Folgerichtig beschränken sich die Bürgerplattformen auf Auseinandersetzungen, in denen sie erfolgreich sein können. In Verhandlungen mit öffentlichen Verwaltungen, in denen grundlegende Konflikte nicht thematisiert werden, werden »Erfolge« ausgehandelt. Ganz in der Logik des Community Development und in dem Bild einer einheitlichen Nachbarschaft verhaftet, sind die Bürgerplattformen überzeugt, ihre Standortpolitik würde allen zugutekommen.

Die ungebremste Aufwertung und die teilweise verschärfte Polizeipräsenz im Handlungsgebiet der Bürgerplattform Wedding/Moabit, zeugen vom Gegenteil. Die Politik der Bürgerplattformen kommt primär der Mittelschicht zugute. Einkommensarme Bewohner_innen hingegen leiden unter der politischen Praxis der Bürgerplattform. Die strukturellen Konflikte zwischen arm und reich, zwischen Männern und Frauen und zwischen *weißen* Institutionen und People of Color werden verschleiert oder wegmoderiert. Es ist nicht verwunderlich, dass dieser »verordnete Pragmatismus« von Wohnungsbaugesellschaften und unternehmensnahen Stiftungen finanziert wird.

Mit den Bürgerplattformen haben die Sponsor_innen ein für sie hilfreiches Instrument gefunden, das sie wenig kostet, unternehmensnahe Politik hinter pseudo-demokratischen Strukturen versteckt und in der Nachbarschaft verankert. Die Bürgerplattformen fungieren damit, wie in der Kritik am Community Development bereits festgestellt wurde, als vermittelnde Instanz zwischen Staat, Unternehmen und Zivilgesellschaft. In diesem Dreieck, das keinen Rassismus, keine Klassenkonflikte, keinen Sexismus und selbstredend keine strukturellen Ursachen irgendwelcher Probleme kennt, sollen sich die Menschen selbst aus der Armut rausorganisieren.

Das DICO präsentiert die Bürgerplattformen als Methode, Sozialkapital und Zivilgesellschaft zu produzieren (Penta/Sander 2007). Gemeinsam sollen Zivilgesellschaft und Bürgerplattformen das Legitimationsproblem profitorientierter Stadtpolitik lösen. Der angenehme Nebeneffekt ist ein Zuschnitt politischer Programme und ökonomischer Vermarktungsstrategien auf die einzelnen Nachbarschaften, den staatliche Institutionen und Unternehmen ohne diese Hilfe nur mit hohem Aufwand leisten könnten. Die gleichzeitige Betonung der Schlüsselbegriffe aus dem Schlagwortkatalog des städtischen Neoliberalismus (Zivilgesellschaft, Sozialkapital, Nachbarschaftsaktivierung, Community Building) ist kein Zufall. Dieser Zusammenhang wird im achten Kapitel näher beleuchtet.

Aber auch in der BRD gibt es Versuche, die nachbarschaftliche Organisation politisch zu denken und neu auszurichten. In Berlin arbeiten *Kotti & Co* und *Zwangsräumungen verhindern* mit Elementen des transformativen Community Organizings, ohne sich explizit auf das Konzept zu beziehen. Das Interview mit beiden Gruppen bietet einen Einblick in die Erfolge und Schwierigkeiten einer transformativen Organisationspraxis im Berliner Alltag.

07 »Die Bewegung hat einen Schritt gemacht« – Kotti & Co und Zwangsräumungen verhindern

Im November 2013 habe ich Julia und Sebastian von *Zwangsräumungen verhindern (ZRV)* und Matti und Tashy von *Kotti & Co (K&C)* in Berlin getroffen, um mit ihnen über die Probleme und Chancen von Basisorganisation zu sprechen.[16] Beide Gruppen haben einen stadtpolitischen Fokus, bearbeiten aber auch andere Themen, wie zum Beispiel Rassismus auf dem Wohnungsmarkt.

Beide haben durch spektakuläre Aktionen auf sich aufmerksam gemacht. *K&C* hat 2012 einen Platz am Kottbusser Tor in Kreuzberg besetzt und mit dem Gececondu einen Dauerprotest eingerichtet, um auf die Mietenexplosion im sozialen Wohnungsbau aufmerksam zu machen. *ZRV* hat im gleichen Jahr mit einer Blockade die Zwangsräumung der fünfköpfigen Familie Gülbol aus Kreuzberg verhindert. In einem weiteren Versuch hat der Berliner Senat die Räumung gegen 1.000 Menschen gewaltvoll durchgesetzt.

Durch ihre Arbeit an konkreten Problemen adressieren beide Gruppen strukturelle Schieflagen in der Gesellschaft. *ZRV* unterstützt Menschen im gesamten politischen und sozialen Prozess einer Zwangsräumung. Sie begleiten die Menschen zu Gerichten, zu Ämtern, zu Eigentümer_innen, helfen bei Verhandlungen, veranstalten Kundgebungen, machen kleinere und größere Aktionen, blockieren Räumungsversuche, besuchen die Profiteure unternehmerischer Stadtpolitik und beteiligen sich an mehreren stadtpolitischen Bündnissen.

K&C kämpfen für eine wirklich soziale Wohnraumversorgung in der Innenstadt im Allgemeinen und um bezahlbare Mieten im so genannten Sozialen Wohnungsbau am Kottbusser Tor im Besonderen. Sie erarbeiten ein Modellprojekt zur Rekommunalisierung von Sozialwohnungen und deren demokratische Kontrolle durch die Bewohner_innen. Seit Mai 2012 halten sie das südliche Kottbusser Tor besetzt, wo in Form des Gecekondus ein Nachbarschaftszentrum entstanden ist, in dem Treffen, Diskussionsveranstaltungen, Konzerte, Partys und eine Sozialberatung stattfinden. Sie veranstalten regelmäßig Lärmdemos, haben eine Expertenkonferenz zum Sozialen Wohnungsbau im Abgeordnetenhaus organisiert und zwei Broschüren zum Thema herausgegeben. Gerade organisieren sie eine Nachbarschafts-Kampagne zum »selber-mieten-senken«. Sie haben das Bündnis Solidarische Stadt initiiert und sind in vielen anderen Kontexten vernetzt – und sie unterstützen das Mädchen-Fußballteam des lokalen Vereins Türkiyemspor.

---

16 Die Interviews fanden getrennt voneinander statt und dauerten jeweils über eine Stunde. Der vorliegende Text ist eine Collage von Ausschnitten aus den Gesprächen.

Wer macht bei euch mit?

Matti (K&C): Ziemlich von Anfang an hat sich bei *Kotti & Co* eine ziemlich außergewöhnliche Atmosphäre etabliert, in der sehr, sehr unterschiedliche Leute auf Augenhöhe in Kontakt kommen konnten und diese ganzen Unterschiedlichkeiten nicht so im Vordergrund standen, sondern das gemeinsame Problem. Dass es für ganz viele unterschiedliche Leute darum ging, dass man aus Kreuzberg wegziehen muss.

Julia (ZRV): Wir sind eine sehr gemischte Gruppe, sowohl altersmäßig als auch woher wir so kommen, was wir für eine Geschichte haben, ob wir vorher schon mal politisch aktiv waren oder nicht, wo wir geboren sind. Wir wollen, dass diejenigen die vor dem Wohnungsverlust stehen, im Laufe des Prozesses auch Teil unserer Gruppe werden. Das gelingt mal gut und mal weniger gut.

Wie kommen neue Menschen zu euch?

Julia (ZRV): Sie schreiben eine Mail oder kontaktieren uns über Facebook. Oder sie kommen über Leute, die schon mal mit einer Zwangsräumung zu kämpfen hatten, zu dem Treffen. Es kommen auch Leute von Anwält_innen, mit denen wir zusammenarbeiten.

Sebastian (ZRV): Wenn neue Menschen zu uns kommen, gibt es für sie eine Stunde vor Plenumsbeginn eine kurze Einführung: Was ist das Bündnis, wie arbeiten wir, wie funktioniert das Plenum, was ist da wichtig, wie funktioniert die Redeliste. Und dann geht's direkt aufs Plenum. Dort gibt's so ein Pat_innen-System, wo du jemanden hast, der oder die lange dabei ist und für dich eine Flüsterübersetzung macht, weil es oft um viele Details der einzelnen Zwangsräumungen geht. Bei einem Plenum besprechen wir im Schnitt acht Zwangsräumungen.

Tashy (K&C): Leute schreiben uns an, kommen zu Demos oder kommen einfach im Gecekondu vorbei, das jeden Tag von morgens bis abends geöffnet ist. Um noch engmaschigeren Kontakt mit den Leuten in den Gebäuden aufzubauen, gerade auch im Hinblick auf eine Rekommunalisierung und Selbstverwaltung der Häuser, haben wir jetzt auch angefangen klassisch von Tür zu Tür zu gehen. Wir schwärmen gerade aus und versuchen Teams und Andockstellen zu bauen. Immer mit einer Nachbarin, die in dem Haus wohnt, einer Person von Kotti & Co, mindestens eine Frau, mindestens zweisprachig. Wir warten nicht, dass Leute zu uns kommen, wir kommen auch vorbei.

Wie trefft ihr Entscheidungen?

Matti (K&C): Die Kerngruppe, die vor allem aus Mieter_innen der Sozialwohnungen besteht, trifft sich wöchentlich und trifft die Entscheidungen. Drum herum gibt's einen weiteren Kreis von Leuten. Manche Sachen sind so kompliziert, dass da nur wenige wirklich den Überblick haben. Aber es gibt da einen Vertrauensvorschuss, dass man nicht über alle Details der Vorgehensweise in großer Runde reden muss und ich glaube, ehrlich gesagt, auch manchmal nicht reden kann. Es gibt so viele Baustellen, dass einige auch in Eigenregie von einzelnen aus der Kerngruppe bespielt werden. Das geht nur mit diesem Vertrauensvorschuss.

Tashy (K&C): Um das Langzeitprojekt von einer Rekommunalisierung angehen zu können, bauen wir jetzt Strukturen auf, in denen wir dann hoffentlich mit wirklich vielen Nachbarn gemeinsam basisdemokratisch Entscheidungen treffen können. Es geht da ja um die Bewohner_innen von 1.500 Wohnungen. Deswegen gehen wir jetzt von Tür zu Tür und machen Hausversammlungen.

Sebastian (ZRV): Wir haben den Anspruch, basisdemokratisch auf unserem Plenum zu entscheiden. Unser Plenum sollte die Entscheidungsinstanz sein. Dann gibt's noch AGs, die außerhalb des Plenums arbeiten und ihre Ergebnisse ins Plenum zurücktragen. Die beschäftigen sich zum Beispiel mit bestimmten Zwangsräumungen, weil Frauen, die alleinerziehend sind, nicht Montagabend auf unserem Plenum sitzen können. Dann muss man die zuhause besuchen. Wenn schnell Entscheidungen getroffen werden müssen, entscheiden aber auch die, die jeweils involviert sind auf der Grundlage gegenseitigen Vertrauens.

Hattet Ihr mit eurer Art der Entscheidungsfindung Probleme?

Matti (K&C): Das letzte Mal als wir die Situation hatten, hier clashen jetzt Perspektiven total aufeinander, waren die Gezi-Park Proteste in Istanbul. Darüber haben wir in der Kerngruppe eine Diskussion geführt, die auch sehr gut gelaufen ist. Am Ende davon stand auch eine gemeinsame Stimme zu dem Thema, die gesagt hat, wir sind damit solidarisch, wenn Leute auch in Istanbul gegen die Umstrukturierung ihrer Stadt kämpfen, die nicht den Menschen, sondern nur dem Kapital dient. Als wir das dann veröffentlicht haben, haben wir eine Welle der Empörung bekommen, weil viele Nachbarn unser Statement ganz anders verstanden haben. Das war aber meist nicht in erster Linie aus neoliberalen Überzeugungen heraus, sondern hat sich auch viel auf symbolischer Ebene abgespielt, Erdoğan steht da unter Umständen für verschiedene Leute für verschiedene Sachen. Aber das Problem war, dass man nur einen begrenzten Rahmen hat von Leuten, mit denen man so was aushandelt und einen viel größeren Rahmen von Leuten, die das mitbekommen, die das aber nicht mitdiskutieren. Das war ein Punkt, an dem es ein bisschen schwierig geworden ist.

Wie habt ihr das gelöst?

Matti (K&C): Durch persönliche Gespräche.

Tashy (K&C): Das war auch wertvoll, weil wir dabei viel übereinander gelernt haben.

Gab es ähnliche Konflikte um die Entscheidungsfindung auch bei *Zwangsräumungen verhindern*?

Sebastian (ZRV): In der Form nicht. Bei uns drehen sich Konflikte eher um die klassische Frage basisdemokratischer Anspruch vs. Praxis in der Gruppe. Weil natürlich auch bei uns Hierarchien entstehen oder Meinungen unter den Tisch fallen. Wir versuchen uns dann die Zeit zu nehmen, um das zu erkennen, zu besprechen und zu ändern. Das sind oft langwierige Prozesse, in denen auch immer wieder gesagt wird »Das ist jetzt nicht so wichtig, wir haben echt anderes zu tun, die Zeit drängt in dem und dem Zwangsräumungsverfahren«. Aber die Auseinandersetzung ist wichtig und muss geführt werden, das ist eigentlich auch allen klar.

Habt ihr einen ausdrücklichen Bezug zu einer Nachbarschaft?

Matti (K&C): Bei uns geht es konkret um die Wassertorsiedlung. Alle Leute da teilen die Situation. Strukturell geht es natürlich gleichzeitig um den Sozialen Wohnungsbau insgesamt.

Sebastian (ZRV): Mittlerweile sind Leute aus 10 Bezirken gekommen, von überall aus Berlin. Wir können da keine kontinuierliche Nachbarschaftsarbeit machen. Das können wir von den Kapazitäten her nicht hinkriegen.

Julia (ZRV): Wir haben uns jetzt allerdings dazu entschieden, mehr Nachbarschaftsarbeit machen zu wollen. Wir nehmen uns vor, vor, während und nach einer möglichen Zwangsräumung zusammen mit der jeweils räumungsbedrohten Person in der Nachbarschaft präsent zu sein und unsere Erzählung, dass nicht die Zwangsräumungsbetroffenen an ihrem Schicksal selbst Schuld sind, zu verbreiten.

Ihr macht sehr viele verschiedene Aktionen, um eure Positionen in die Öffentlichkeit zu tragen. Seid ihr manchmal auch skeptisch gegenüber euren Aktionsformen?

Tashy (K&C): Ich finde es wichtig mitzudenken, dass es Leute gibt, die bisher noch nicht zu Demos gegangen sind, weil sie Angst haben, es sei illegal. Gerade die Niedrigschwelligkeit der Lärmdemos hat es ganz vielen Leuten ermöglicht, daran Teil zunehmen. Das heißt überhaupt nicht, dass man dabei stehenbleiben muss, aber dass man auch anerkennen muss, wie die Bandbreite von Erfahrungen ist und die Bereitschaft sich an Aktionen zu beteiligen. Da ist es wichtig, wie man die Aktionen mit den Leuten zusammen entwickelt. Wir haben zum Beispiel über ein Bestreiken der Mieterhöhungen nachgedacht und dann im Gespräch mit vielen Nachbar_innen gemerkt, dass sie eher bereit sind, mitzumachen, wenn wir es legal absichern und eine kollektive »Mietminderungs-Kampagne« machen, und die Übergabe unserer »Mietsenkungen« verknüpfen mit einer Demo zum Recht auf Stadt für alle. Aus Organizing Perspektive passieren auch dabei super wichtige erste Schritte: Die Nachbar_innen organisieren selbst Hausversammlungen, bauen Kommunikationsstrukturen auf, informieren sich gegenseitig über ihre Rechte, handeln gemeinsam und merken, dass sie einen Unterschied machen können. Da können andere Schritte dann drauf aufbauen.

Matti (K&C): Und eine konfrontativere Politik, sowas wie Besetzungen, sowohl von Wohnungen als auch von Parteibüros, oder andere Formen, ich glaube, da müssen wir selber noch mal lernen, was ist eigentlich das Schema F der politischen Kulturen aus denen wir kommen, und was ist der Situation angemessen.

Julia (ZRV): Wir rufen zu nichts auf, wo wir denken, das funktioniert nicht. Und wir haben jetzt die Dynamik, dass wir viele Prozessbegleitungen machen, die erfolgreich sind. Da glauben wir, dass wir auch erreicht haben, dass Richter_innen anders entscheiden. Aber das nimmt uns gleichzeitig die Möglichkeit härter zu intervenieren, weil es im Voraus schon so weggebügelt wird und wir so ein bisschen dem Wohlfahrts- und Rechtsstaat auf die Sprünge helfen.

Sebastian (ZRV): Es ist immer eine Gratwanderung zwischen dem, was politisch möglich und richtig wäre und dem, was für die zwangsräumungsbedrohte Person möglich und richtig ist. Das Mietrecht ist feudal, jeder Mucks der Mieter_in kann da schon zu einer neuen Kündigung führen. Daher kommt es eher selten zur großen konfrontativen Aktion, weil es auch darum geht, dass sich die Betroffenen darin wiederfinden. Die Situation ist ja für die Menschen lebensbedrohlich. Alle Betroffenen sagen, sie schlafen wochenlang nicht richtig. Ganz viele kriegen Depressionen. Da muss man echt aufpassen, dass man nicht noch den Anspruch an sie heranträgt, sie sollen sich jetzt möglichst krass wehren. So haben wir uns auch Sensibilität antrainieren müssen.

Wie schafft ihr es, dass die verschiedensten Erfahrungen der Einzelnen an die Gruppe weiter gegeben werden und diese sich insgesamt weiterbildet?

Tashy (K&C): Das passiert ständig, in jedem Treffen und Gespräch schwingt das ja mit. Und von Anfang an war ja gemütliches Teetrinken nicht apolitisch, sondern genau die Grundlage das zur Sprache zu bringen. Wir hatten eigentlich immer vor, auch noch einen besonderen Abend zu machen, wo wir einfach erzählen, aufgrund von welchen persönlichen Erlebnissen oder politischen Ereignissen wir zu bestimmten Themen wirklich anders eingestellt sind.

Julia (ZRV): Viel ergibt sich dadurch, dass die Leute Teil von unserem Plenum sind und mitkriegen, was diskutiert wird. Dann fordern wir Leute auf und unterstützen sie darin, mitzumachen bei unseren Aktionen und dort finden dann auch Diskussionen untereinander statt. Aber wir machen das nicht in irgendeiner organisierten Form. Könnten wir aber mal machen.

Formuliert ihr Forderungen an die Politik? Wenn ja, was sind das für Forderungen?

Tashy (K&C): Die Kernforderung, die Mieten müssen wieder bezahlbar sein, ist ja schon von Anfang an da gewesen. Und andere Forderungen werden immer im Kerngruppentreffen im Gespräch ausgehandelt.

Matti (K&C): In der Phase, in der wir das Ding aufgebaut haben, ist Rassismus als Thema viel größer geworden. Was das Ganze von Anfang an zusammenhält ist, dass wir uns treffen, um die Mieten zu senken. Und daraus ergibt sich notwendigerweise dann, dass es einen Eigentümer geben muss, wo wir den Daumen drauf haben. Es ist einfach eine Notwendigkeit, damit die Mieten sinken. Dann ist das eine Forderung: Rekommunalisierung, plus gemeinwohlorientierte Trägerschaft, plus demokratische Kontrolle durch die Mieter_innen.

Julia (ZRV): Auf allgemeine realpolitisch ausformulierte Forderungen verzichten wir. Aus unserer Aktionsform ergibt sich natürlich, dass keine Zwangsräumung gerechtfertigt ist. Zwangsräumungen sind die gewalttätigste Form der Verdrängung. Mit jeder Zwangsräumung thematisieren wir also steigende Mieten und den kapitalistischen Wohnungsmarkt. Aber es steckt auch mehr dahinter. Leute werden ganz klar aus rassistischen Motiven gekündigt, finden deswegen keine Wohnung, also geht es auch um Rassismus auf dem Wohnungsmarkt. Das Jobcenter verursacht richtig viele Zwangsräumungen, alleinerziehende Frauen mit vielen Kindern sind praktisch chancenlos auf dem Wohnungsmarkt, Menschen werden psychiatrisiert, also für geschäftsunfähig erklärt, damit man sie raus kriegt. Diese Liste ist lang, alle Achsen gesellschaftlicher Unterdrückung begegnen uns.

Sebastian (ZRV): Wir sind gerade dabei, das alles erst mal in unserer Praxis zu verarbeiten, eventuelle Forderungen entwickeln sich dann vielleicht. In konkreten Zwangsräumungsverfahren verlangen wir auch von Entscheidungsträger_innen, dass sie ihre Position zugunsten von Betroffenen einsetzen, bspw. gegenüber Wohnungsbaugesellschaften oder Jobcentern.

Was begeistert euch an eurer Arbeit?

Julia (ZRV): Wir sind ein Beispiel, wo Solidarität wirklich mal funktioniert und in einer guten Weise umgesetzt wird. Zum Beispiel Empowerment von Leuten, die in der Scheiße sind. Wir machen jetzt eine Veranstaltung mit einem Podium, auf dem nur Betroffene von Zwangsräumungen reden. Und Menschen kommen raus aus dieser Scham, ich bin Schuld, ich habe es nicht hingekriegt, deswegen werde ich geräumt. Hin zu: Ich bin stolz, weil ich mich gewehrt habe. Sowas passiert im kleinen Maßstab öfter. Dass funktioniert auch deswegen, weil wir die Geschichte von der Zwangsräumung nicht mit dem Versagen oder Schuld der Leute erzählen, sondern wir erzählen sie anti-kapitalistisch. Schuld ist das System, dass Wohnraum eine Ware ist. Solange Wohnraum eine Ware ist, wird es immer Zwangsräumungen geben. Es ist ein gemeinsames Problem.

Matti (K&C): Schon bevor wir den Straßenprotest angefangen haben, haben wir das Mantra sehr vor uns her getragen, dass wir keine Einzelfälle sind. Hier geht's um was Gemeinsames. Auf der einen Seite war das wichtig, um unter uns ein Gefühl von Sicherheit herzustellen, dass wir nicht fiese Ausnahmefälle sind. Dass man wirklich so mutig sein kann, zu allen Nachbar_innen zu gehen und denen sagen zu können, sei mutig, auch du bist kein_e Versager_in, die ihr Leben nicht geschissen kriegt. Und natürlich auch, um nach außen hin sagen zu können, das ist kein Problem, was nur uns paar Blocks betrifft.

Seht ihr euch als Teil einer sozialen Bewegung? Mit wem arbeitet ihr nicht zusammen?

Tashy (K&C):.Wir sind Teil und manchmal auch Initiator_innen verschiedener außerparlamentarischer stadt- und sozialpolitischer Vernetzungen. Dafür steht auch das Co in Kotti&Co: es geht nicht nur um eine Solidarisierung im Block, sondern auf der strukturellen Ebene und mit der Stadt. Wir reden mit allen, denen es ernsthaft um Mieten- und Stadtpolitik geht, auch mit Parteien und Parteipolitiker_innen. Aber wir gehen keine Bündnisse mit Parteien ein. Jetzt haben wir gerade in der Kerngruppe strategische Diskussionen. Wer sind unsere Verbündeten, wer sind unsere Gegner, was sind die Konflikte mit den jeweiligen Ebenen? Was tut denen wirklich weh? Was wollen wir umsetzen?

Sebastian (ZRV): Wir sind prinzipiell solidarisch mit außerparlamentarisch Gruppen, deren Forderungen wir teilen. Wo wir feststellen, da organisiert sich eigentlich der Gegner, kann man dann eben nicht zusammenarbeiten.

Wie schätzt ihr den Stand linker sozialer Bewegungen in Berlin ein?

Tashy (K&C): Ich habe tiefen Respekt und Bewunderung für die Schritte, die viele soziale Bewegungen, allen voran die Selbstorganisation der Refugees, in den letzten Jahren gemacht haben. Es gibt vielerorts mehr Öffnung und unkonventionelle Interventionen. Bei manch anderen Gruppen habe ich leider aber auch den Eindruck, dass sie sich mit einem selbst-identitären Bezug auf ihr Links-Sein im Weg stehen. Ich glaube, es kann halt oft politisch viel wirksamer sein, wenn man auf einer konkreten Ebene, etwa des Wohnungsmarktes, die Eigentumsfrage stellt, als wenn man sie in einem abstrakten Diskurs formuliert und vor sich herträgt und sich nur mit Leuten organisiert, die die gleiche Weltanschauung vertreten wie man selbst. Viele Gruppen (uns eingeschlossen) tun gut daran, den Zugang für Leute aus sehr diversen kulturellen und sozialen Kontexten weiter zu erleichtern, auch kleinschrittige Basisarbeit ernst zu nehmen, Politikformen gemeinsam zu entwickeln, immer wieder zu überprüfen, dass das Verhältnis zur Betroffenheit anderer nicht instrumentell wird; Politisierung und politisches Handeln als einen ständigen (Lern-)prozess zu verstehen

und nicht als ein statisches Abfragen von Positionierungen. Kotti&Co versteht sich dabei nicht als voluntaristisch linke Gruppe. Ich glaube unsere politischen Inhalte und Handlungsformen sprechen für sich.
Sebastian (ZRV): Ja, die Bewegung hat einen Schritt gemacht. Weg von einem *weißen* aktivistischen Politkreis, hin zu einer breiteren Basis auch von Leuten, die sich vorher nicht politisch organisiert haben. Und eine Besinnung weg von Kampagnen-Label-Politik hin zur sozialen Frage. Und es ist auch ein Schritt vorwärts, dass linke Gruppen in ihrer Praxis die ganzen Fähigkeiten und Kenntnisse der Menschen ernsthaft wertschätzen und einbinden. Ich finde es trotzdem wichtig auf dem Schirm zu haben, dass es noch viele Unterschiede gibt. Also auch ich die selbst Hartz4 bekommt, bin in einer ganz anderen Situation als andere Leute, die Hartz4 kriegen.

Worin seht ihr den langfristigen Nutzen eurer Gruppen?
Julia (ZRV): Ich sehe *Zwangsräumung verhindern* als einen Versuch, Solidarität und Widerstand gegen Verdrängung zu organisieren und gleichzeitig gesellschaftliche Verhältnisse so anzusprechen, dass auch radikale Kritik geübt werden kann. Und dafür braucht es auf jeden Fall Strukturen, die länger als eine Kampagne halten und die vor allem auch dann noch funktionieren, wenn die Kämpfe hier heftiger werden.
Matti (K&C): In Situationen, die schwer vorhersehbar sind, gut aufgestellt zu sein und die Möglichkeiten, die sich ergeben, zu nutzen.

08 Community Organizing im Neoliberalismus

Die letzten beiden Kapitel haben gezeigt, dass die Unterscheidung zwischen (neo)liberalem und revolutionärem Community Organizing auch für die Beurteilung von Nachbarschaftsorganisationen in Berlin sinnvoll ist. *Quartiersmanagements* und *Bürgerplattformen* haben ausdrücklich nicht den Anspruch, die Gesellschaft emanzipatorisch zu verändern. In der Praxis legitimieren und betreiben sie neoliberale Stadt- und Sozialpolitik.

Die stadtpolitischen Initiativen *Kotti & Co* und *Zwangsräumungen verhindern* haben dagegen diesen Anspruch. Im Schlusskapitel werden ihre Gemeinsamkeiten und Unterschiede mit den im fünften Kapitel entwickelten vier Elementen transformativen Community Organizings diskutiert. Welche Elemente werden stärker und welche schwächer betont, und was kann das für eine linke soziale Bewegung in bundesdeutschen Städten bedeuten? Zuvor richtet sich der Blick jedoch auf die politischen Verhältnisse, in denen die (neo)liberalen und transformativen Nachbarschaftsorganisationen agieren.

(Neo)liberale Community-Organisationen teilen die zentralen Überzeugungen neoliberaler Stadtpolitik. Emanzipatorische Organisationsvorhaben stehen gleichzeitig vor dem Problem, dass ihre Inhalte in der öffentlichen Debatte kaum vorkommen, und sie in Mitmach-Gremien ruhiggestellt oder von vornherein ausgegrenzt werden. Die theoretischen Konzepte von Zivilgesellschaft und Sozialkapital ermöglichen diese zugleich vereinnahmende und ausgrenzende Politik.[17]

Die Begriffe Zivilgesellschaft und Sozialkapital sind eingewoben in eine neoliberale Perspektive, die Städte als Unternehmen betrachtet. In allen Bereichen des Zusammenlebens sollen sich Menschen in den Dienst der Profitmaximierung stellen. In der Stadtpolitik bedeutet dies eine Ausrichtung auf Privatisierung und Kommodifizierung[18], eine Festivalisierung – also eine überzogene symbolische Inszenierung und Event-Orientierung – der Stadtpolitik, neue

---

17 Die Kritik an neoliberalen Konzepten von Sozialkapital und Zivilgesellschaft soll nicht die Leistungen linker Theoretiker_innen schmälern, allen voran des französischen Soziologen und Aktivisten Pierre Bourdieu (1930 – 2002) und des italienischen Kommunisten Antonio Gramsci (1891 – 1937). Bourdieus Konzept der verschiedenen Kapitalarten, u.a. des sozialen Kapitals, und Gramscis Konzepte von Hegemonie und Zivilgesellschaft waren oft grundlegend für eine emanzipatorische Organisationsdebatte. Ich beziehe mich auf die neoliberalen Abwandlungen dieser Konzepte.

18 Kommodifizierung ist der Prozess, wenn vormals gemeinschaftlich oder öffentlich bereitgestellte Angebote profit-orientiert organisiert werden, bspw. öffentlicher Nahverkehr, medizinische Versorgung, Bildung, Wasser, Strom, Telefon, Wohnungen. Kommodifizierung kommt von commodity (engl. Ware) und verweist darauf, dass Dienstleistungen zu kapitalistischen Waren werden. Anstatt Dinge, die alle benötigen,

Kontrollstrategien und einen Wandel von der Mieter- zur Eigentümerstadt. Im globalen Vergleich befinden und begreifen sich Städte in Konkurrenz zueinander. Entscheidungen über Politikinhalte werden zunehmend »partnerschaftlich« zwischen Regierungen bzw. Verwaltungen, Unternehmen und Zivilgesellschaft getroffen, was in der Fachliteratur als *governance* beschrieben wird (Heeg/Rosol 2007: 493ff.).

Governance fasst theoretische Überlegungen zu Zivilgesellschaft, Sozialkapital und anderer neoliberaler Steuerungsideen zusammen. Während neoliberale Politik in den 1980er Jahren darauf konzentriert war, kollektive sozialstaatliche Errungenschaften zurück zu drängen, werden seit den 1990er Jahren auch neue Regierungsstrukturen – zu denen auch die Quartiersmanagements gehören – geschaffen. Notwendig wurde dieser Paradigmenwechsel durch kontinuierlich auftretende Wirtschafts- und Legitimitätskrisen des neoliberalen Kapitalismus. Die Anfälligkeit für Krisen und die zunehmende soziale Polarisierung machten deutlich, dass eine ausschließlich individuell und ökonomisch geprägte Politik die Gesellschaft in ihren Grundfesten erschüttert.

Neoliberale Ideologen waren anscheinend von der selbst produzierten Zerstörung überrascht. Sie reagierten mit empörten Aufsätzen und forderten ein Umdenken der Politik (Putnam 1995; Pröhl 2002; kritisch: Lanz 2000). Oft war die Rede vom *Sozialkapital*, das es zu erschaffen oder zu erhalten gelte. Die (neo)liberale Wirtschaftstheorie verhandelt Sozialkapital als eine Kapitalart, die in und zwischen Menschen entstehe, Grundlage von Kreativität und Innovation sei und Wirtschaftswachstum ermögliche. Eine Förderung des Sozialkapitals sei auch der erste Schritt hin zur Selbsthilfe von Nachbarschaften (Silvermann 2004; Smock 2004: 65f.).

Die *Zivilgesellschaft* biete die Ressourcen, individuelles Sozialkapital und davon ausgehend eine verantwortungsvolle Gemeinschaft aufzubauen. In einer funktionierenden Zivilgesellschaft übernehmen alle Bürger_innen Verantwortung, um gemeinsam ökonomische, soziale und ökologische Ziele zu erreichen. Neoliberale Governance-Konzepte gehen davon aus, dass Sozialkapital und Zivilgesellschaft nur in kleinräumlichen Zusammenhängen herzustellen sei und eine partnerschaftliche Kraftanstrengung aller an der Community Beteiligten voraussetze. Das Engagement von Regierungen, Unternehmen, Bürger_innen, sozialen Trägern, Gewerkschaften, Stiftungen und Verwaltungen benötige externe Ressourcen, die aber freiwillig eingebracht werden müssten. Freiwilliges bürgerschaftliches Engagement, d.h. unentgeltlich aufgewandte Ressourcen (Arbeitskraft, Geld, Raum, Kreativität) und kooperative, partnerschaftliche Zusammenarbeit sind die Elemente einer funktionierenden Zivilgesellschaft (kritisch: Shragge 2003: 110ff.).

---

gemeinschaftlich zu produzieren, wird die Infrastruktur an Investor_innen verkauft, damit diese Profit machen können.

Seit den 1960er Jahren haben bundesdeutsche soziale Bewegungen für eine Demokratisierung des politischen Systems und eine stärkere Selbstbestimmung in den Stadtteilen gekämpft. Seit den 1990er Jahren nehmen private Stiftungen wie die Bertelsmann Stiftung oder die Körber Stiftung, Unternehmen und deren Verbände, Regierungen, Verwaltungen und Wissenschaftler_innen die Forderungen städtischer Bewegungen auf und integrieren sie in ein Gesamtprogramm unternehmerischer Stadtpolitik. Eine zunehmende Anzahl von Beteiligungsinstrumenten steht exemplarisch für die neue Form des Regierens: Runde Tische, Bürgerhaushalte, Quartiersmanagements, Stadtteilversammlungen, Bürgerbegehren und Bürgerplattformen sind die neoliberale Antwort auf ursprünglich emanzipatorische Forderungen. Diese neue Form des Regierens nennt der britische Soziologe Nikolas Rose *Regieren durch Community* (2003).

Schon zu Beginn des 20. Jahrhunderts haben die Anfänge des liberalen Community Organizings im Gewand der Social Settlements die tiefen gesellschaftlichen Spaltungen und Widersprüche durch die Betonung der Community und entsprechenden Partizipationsformen zu überdecken versucht: »*Community* und nicht *Klasse* war das Stichwort des neuen liberalen Staates« (Fisher 1994: 10, Herv., R.M.). Heute steht, ebenso wie vor mehr als hundert Jahren, die Community wieder im Zentrum (neo)liberaler Überlegungen, um die mitunter katastrophalen Verhältnisse in den Städten zu rechtfertigen. Denn viele Menschen stehen profitorientierter Politik erst einmal skeptisch gegenüber. Schließlich sind sie es, die die Zeche zahlen. Dies lässt sich daran ablesen, dass viele symbolträchtige Großprojekte[19] gegen massiven Widerstand durchgesetzt oder durch Zugeständnisse legitimiert werden müssen. Gleichzeitig ist es für Unternehmen und Regierungen schwierig herauszufiltern, welche Zugeständnisse Menschen zur Akzeptanz der herrschenden Politik bewegen würden.

Ein Regierungsmodus, der auf Mitmach-Gremien, auf von Unternehmen gesponserten Bürgerbegehren und auf Selbsthilfe-Projekte setzt, scheint für eine Lösung dieses Problems sehr geeignet. Bekannte Beispiele sind das von IKEA inszenierte Bürgerbegehren »Pro IKEA« in Hamburg-Altona, das Mitmach-Stadtentwicklungs-»Lab« der Guggenheim-Stiftung in Berlin Prenzlauer Berg oder die unzähligen Runden Tische und Quartiersmanagements in den Bezirken Berlins (Wagner 2013). Solche Beteiligungsinstrumente können »Communities« ins Leben rufen und mobilisieren, bestehende Loyalitätsbeziehungen für Regierungsprogramme instrumentalisieren und Beteiligte dazu bewegen, Verantwortung für das Unternehmen Stadt zu übernehmen (Rose 2003: 81). Das Unternehmen Stadt regiert durch Community, »indem die individuellen Selbstregulierungspotenziale im gesamten Spektrum der Schauplätze

19 Für Berlin: Die Bebauung des Spreeufers im Rahmen des Projekts »Media Spree«; der Neubau des Flughafens Schönefeld; die Privatisierung des geschlossenen Tempelhofer Flughafens.

und Orte genutzt werden, das heißt in Initiativen, Vereinen, Kiez-Projekten, Interessengruppen und natürlich in den Communities« (ebd.: 105). Nur über die grundsätzliche Richtung der Stadtentwicklung darf nicht geredet werden.

Die neoliberale Perspektive auf Stadt erkennt keine strukturellen Ungleichheiten oder Diskriminierungen. Sie erfindet eine einheitliche Community, die insgesamt für ihr gemeinsames Vorankommen an einem Strang ziehen muss. Diese Gesellschaftsanalyse bringt Konzepte wie Sozialkapital, Zivilgesellschaft, Governance oder eben liberales Community Organizing hervor. Sie ergänzen und bestätigen sich gegenseitig. In der Folge entsteht ein in sich geschlossenes Rechtfertigungssystem für eine Politik, die Profitinteressen den Vorrang gegenüber menschlichen Bedürfnissen oder städtischer Demokratie gibt.[20]

So agiert (neo)liberales Community Organizing auf der Grundlage einer völlig unzureichenden Analyse sozialer Verwerfungen, suggeriert ein gemeinsames Interesse in der Nachbarschaft, ignoriert strukturelle Zusammenhänge zwischen einzelnen Konflikten, igelt sich im Stadtteil ein und ist von großen Unternehmen finanziert. Insbesondere der Ansatz der Nachbarschaftsentwicklung (*Community Development*) hat sich seit den 1970er Jahren auf unternehmerische Stadtpolitik eingestellt und teilt deren grundlegenden Annahmen. Es hat daher kaum Potenzial, eine emanzipatorische Umgestaltung der Gesellschaft voranzutreiben.

In ihrer Gesamtheit verallgemeinern die Konzepte von Governance, Sozialkapital und Zivilgesellschaft die Probleme des Community Development auf der gesamtgesellschaftlichen Ebene. Umgekehrt betrachtet ist Community Development das liberale Politikangebot der herrschenden Klasse an Menschen aus der Nachbarschaft. Diese sollen in freiwilliger oder schlecht bezahlter Arbeit Sozialkapital und Zivilgesellschaft produzieren, damit der Laden nicht auseinander fällt.

Obwohl diese Begriffe umkämpft sind ist es unwahrscheinlich, dass sie in der politischen Auseinandersetzung emanzipatorisch gewendet werden können. Die US-amerikanische Organizerin und Wissenschaftlerin Katarina Schmock hat zwar Recht, wenn sie feststellt, dass Community Organizing schon immer das hervor gebracht hat, was die Sozialwissenschaften jetzt Sozialkapital nennen (Schmock 2004: 65). Sie vergisst aber, dass sich die politische Stoßrichtung jedes Community Organizing-Projekts ändert, wenn es sich als Produzentin von Sozialkapital betrachtet. *Kapital* ist etwas anderes als *Kapazität.* Kapital sucht zwingend nach Verwertung und ist in die gesellschaftlichen Herrschaftsverhältnisse eingebunden. Organisatorische Kapazität kann sich schon begrifflich

20 Ein herausragendes Beispiel dieser Ignoranz ist ein Bürgerentscheid gegen das Media-Spree-Projekt aus dem Jahr 2008, in dem 87% der Bewohner_innen Friedrichshain-Kreuzbergs gegen die Bebauung des Spreeufers stimmten und von der grünen Bezirksregierung und vom rot-roten Berliner Senats übergangen wurde.

gegen die Verhältnisse wenden. Sozialkapital hingegen ist neoliberaler Sprech, der unser Denken über die Verhältnisse ökonomisch zurichtet.

Der Begriff Zivilgesellschaft ist wesentlich umkämpfter und in linken Strategiedebatten sehr präsent. Aber auch hier denke ich, dass kritische Beiträge zur Debatte gegenüber neoliberalen Deutungen in der Defensive sind, so dass der Begriff für transformatives Community Organizing aktuell nicht hilfreich ist. Die Bewohner_innen der Städte werden durch das unternehmerische Konzept der Zivilgesellschaft zu Partner_innen der Aufwertungskoalitionen gemacht, als könnten sie sich frei gegenüber »dem« Staat und »der« Wirtschaft positionieren. Stattdessen sind sie auf vielfache Weise in staatliche Macht- und ökonomische Ausbeutungsverhältnisse eingebunden. Unterdrückungslinien verlaufen durch Staat, Wirtschaft, Zivilgesellschaft und die Subjekte selbst. Die Zivilgesellschaft kann ebenso wenig wie ihre Mitglieder »auf Augenhöhe« mit »dem« Staat und »der« Wirtschaft verhandeln, weil sie nicht getrennt von Staat und Wirtschaft betrachtet werden kann. Das theoretisch imaginierte Dreieck aus Staat, Wirtschaft und Zivilgesellschaft verdeckt die vielen Unterdrückungslinien, die unsere Gesellschaft strukturieren. Die Reduktion der Menschen zu Teilen der Zivilgesellschaft reproduziert diese Blindheit in der Stadtpolitik.

Falsche Freundschaften in der neoliberalen Stadt

Es liegt auf der Hand, dass Unternehmen und ihre Verbände, Regierungen und öffentliche Verwaltungen an (neo)liberalem Community Organizing ein starkes Interesse haben. Daher begeben sie sich in nachbarschaftliche Partnerschaften mit allen möglichen Gruppen, Initiativen und Vereinen und organisieren mit diesen gemeinsame Projekte. Doch wird in diesen Partnerschaften selten bis nie über die übergeordneten Entwicklungsziele des gegenseitigen Engagements diskutiert. Es werden auch keine beidseitigen Kompromisse gefunden. Die starken und finanzkräftigen Partner_innen setzen in der Zusammenarbeit meist ihre Sicht der Dinge durch. Solche Partnerschaften sind extrem prekär, weil sie einseitig angelegt sind und die machtvollen Partner_innen ihre Unterstützung jederzeit widerrufen können.

Das Verhältnis zwischen den Akteur_innen ist auch in anderer Hinsicht einseitig. Denn während Unternehmen in der Stadtpolitik oder bei der Entwicklung von Community-Projekten jederzeit mitbestimmen sollen, haben die Bewohner_innen von Stadtteilen kein Mitbestimmungsrecht bei Entscheidungen der Unternehmen, die sie betreffen. Auf Stellenstreichungen, unökologische Produktionsweisen, Niedriglöhne, rassistische Unternehmenspolitiken oder prekäre Arbeitsbedingungen haben liberale Community-Organisationen keinen Einfluss (Shragge 2003: 113ff). Währenddessen gestalten viele Unternehmen die Bezirks- und Stadtpolitik auf Entscheidungsebene mit.

Dies ist ein zentrales Problem der Konzepte Governance, Sozialkapital und Zivilgesellschaft und ihrer praktischen Umsetzung, das sich überzeugte Anhänger_innen neoliberaler Stadtpolitik dringend vergegenwärtigen sollten. Darüber hinaus sind die Konzepte ahistorisch. Vordenker_innen neoliberaler Stadtpolitik ignorieren die Tatsache, dass die aktuellen Verhältnisse durch das Austragen früherer Konflikte zwischen widersprüchlichen Interessen geprägt wurden. Statt historische Konfliktlinien und gewachsene Ungerechtigkeiten anzuerkennen, tun neoliberale Ansätze so, als könnten die Akteur_innen im Stadtteil jederzeit eine gemeinsame Basis finden, um die vorhandenen Probleme zu lösen. Und sie tun so, als seien die Bedingungen unveränderlich, innerhalb derer die Lösungen überhaupt zu denken sind. Die Geschichte ist aus neoliberaler Sicht schon zu Ende. Damit ist neoliberale Politik keine Politik im Sinne demokratischer Entscheidungsfindung, sondern eine technische Umsetzung scheinbar unveränderlicher Sachzwänge. Was überhaupt noch »politisch«, also gesellschaftlich hervorgebracht und damit veränderbar ist, wird zunehmend unscharf (Heeg/Rosol 2007: 494).

Oft behaupten (neo)liberale Community-Organisationen oder Vertreter_innen der engagierten Zivilgesellschaft, sie seien unabhängig vom Staat oder von der Wirtschaft. Diesem Argument muss klar widersprochen werden. Denn Community Development-Projekte erhalten ihre Mittel zumindest zum Teil von staatlichen Institutionen oder von Wirtschaftsunternehmen. Sie nehmen darüber hinaus widerspruchslos Bezug auf staatliche Programme, ohne diese zu diskutieren. Gleiches gilt für Richtlinien der Stadtentwicklung, die oft von Unternehmen oder Stiftungen mit entworfen werden. So sind beispielsweise die Programme »Soziale Stadt« und »Aktive Stadtzentren« von Bund und Ländern entworfene Programme für die Intensivierung der Gentrifizierung. Mitmach-Gremien wie die Quartiersmanagements spielen in diesen Programmen eine wichtige Rolle für die Legitimation der festgeschriebenen Politik. Sowohl der Staat als auch unternehmensnahe Stiftungen setzen liberales Community Organizing als »trojanisches Pferd des Neoliberalismus« (Harvey 2007: 54) in Szene.

Für Menschen, die sich mit dem Ziel der emanzipatorischen Gesellschaftsveränderung organisieren, ergibt sich aus dieser Kritik folgendes Problem: Neoliberale Mitmach-Angebote grenzen sie entweder von vornherein aus oder sie vereinnahmen sie in das neoliberale Gesamtprojekt. Diese Pendelbewegung von Vereinnahmung und Ausgrenzung ist in Zeiten unternehmerischer Stadtpolitik die zentrale Herausforderung für städtische Bewegungen im Allgemeinen und für transformative Community-Organisationen im Besonderen. Von queer-feministischen Hausbesetzer_innen über selbstorganisierte Sozialprojekte bis zu größeren stadtpolitischen Bündnissen mussten alle schmerzhafte Erfahrungen an runden Tischen, in Bürgerhaushalten oder eben Bürgerplattformen sammeln. Der Publizist Thomas Wagner zählt in seiner Streitschrift »Die Mitmachfalle« (2013) diverse Formen neoliberaler Demokratiesimulationen auf. Gemeinsam ist Ihnen, dass sie keine Entscheidung gegen den politischen Status quo zulassen wollen (Wagner 2013).

Stattdessen schmücken sich die Gremienveranstalter_innen damit, dass sie die Vielfalt des Stadtteils widerspiegeln. Vielfalt ist aus den Veröffentlichungen der städtischen Regierungen nicht mehr wegzudenken. Ob in Bezirk oder Stadt, überall soll sie aktiviert und mobilisiert werden. Die vielfältigen Vertreter_innen sollen sich in den Dienst der Aufwertung stellen und bekommen im Gegenzug die Anerkennung, gehört zu werden. Den starken Bezug auf Vielfalt und Toleranz bezeichnet der britische Wissenschaftler John Clarke als *hegemonialen Kunstgriff* (Clarke 2007), weil »Fragen der Identität, der Kultur, der Community und des Ortes zu kalkulierbaren Angelegenheiten einer multikulturellen Regierung« (ebd.: 64f.) werden. Im Community Development-Modell des liberalen US-amerikanischen Soziologen Robert Mark Silvermann wird die vereinnahmende Perspektive auf gesellschaftliche Vielfalt deutlich:

> Das Prinzip der Vielfalt wird in allen Aktivitäten und Ergebnissen des Community Development beworben, um die Entwicklung von Sozialkapital über Gruppengrenzen hinweg zu bestärken und ein nachhaltiges Community Development zu fördern (Silvermann 2004: 3).

Ohne es zu sagen, meint Silvermann mit »nachhaltig« eine kontinuierliche Profitabilität des Community-Sektors, der nicht nur in den USA einen großen Stellenwert hat. Die Zurichtung der Nachbarschaft auf eine kapitalistisch organisierte Wirtschaft wird durch die größere Beteiligung diverser Community-Organisationen legitimiert.

Auch der Berliner Senat ist bei seiner Aufwertungspolitik auf die Idee gekommen, die vorherzusehende Verdrängung durch die Einbindung von vielfältigen Bevölkerungsgruppen und durch das verstärkte Angebot von Beteiligungsformen zu verdecken. Für die Umsetzung des Bund-Länder-Programms »Aktive Stadtzentren« forderte die damalige Regierung aus SPD und Linkspartei, die Innenstadt zu »attraktiven Wirtschaftsstandorten« zu formen, dabei »lokale Akteure einzubeziehen«, »neue Potenziale durch Mitwirkung und Partnerschaften vor Ort zu erschließen« und »Bürgerbeteiligung« zu fördern (Senat von Berlin 2008: 2). Die Umsetzung des Programms im Bezirk Mitte folgt dann im Hinblick auf den Stadtteil Wedding eins zu eins den neoliberalen Vorstellungen, Vielfalt im Stadtteil zu vereinnahmen:

> Sprachliche und kulturelle Vielfalt zeichnet die Alltagswelt in und um die Müllerstraße aus. [...] Das kulturelle Kapital der Müllerstraße ist eine ihrer größten Qualitäten und ein authentisches Alleinstellungsmerkmal. Die Förderung eines neuen ‚Miteinander' sowie die selbstbewusste Betonung der kulturellen Vielfalt muss ein Aspekt des Kommunikationskonzepts [des Programms Aktive Stadtzentren, RM] sein (Bezirksamt Berlin-Mitte 2012: 12).

Dabei sind der Grad der Beteiligung und die tatsächliche Entscheidungsmacht der Bewohner_innen verschwindend gering. Jene Gruppen die eine Aufwertung mit den Folgen steigender Mieten und Preise nicht mittragen, werden nicht zu den Beteiligungsgremien eingeladen. So müssen nicht nur emanzipatorische Inhalte draußen bleiben, sondern auch die Gruppen und Organisationen, die sie vertreten. Diese Pendelbewegung zwischen Vereinnahmung und Ausgrenzung ist neben der Funktionalität für die Umsetzung neoliberaler Programme das zentrale Merkmal von Mitmach-Gremien (Lanz 2000).

Für transformatives Community Organizing ist der städtische Neoliberalismus ein undankbares Terrain. Will es emanzipatorisch wirken, muss es aus der beschriebenen Pendelbewegung ausbrechen. Vereinnahmung und Ausgrenzung sind zwei Seiten derselben Medaille, mit denen sich liberales Community Organizing arrangiert hat. Die Aufgabe transformativer Nachbarschaftsorganisationen ist es, die scheinbare Alternativlosigkeit durch eine bewusste, konfrontative und solidarische Praxis der Basisorganisation aufzubrechen. Durch alternative gesellschaftliche Visionen und durch konkrete Erfolge können sie, das betonten Vertreter_innen des *Strategy Centers* aus Los Angeles ebenso wie die Aktivist_innen von *Kotti & Co* und von *Zwangsräumungen verhindern* aus Berlin, auf eine Revolutionierung der gesellschaftlichen Verhältnisse hinwirken.

09 Für eine schlagkräftige soziale Bewegung!

Transformatives Community Organizing bietet eine Strategie, der neoliberalen Mitmach-Falle zu entkommen und langfristige und durchsetzungsstarke Basisorganisationen aufzubauen. Der konsequente Ansatz der Basisorganisation hat in seiner über 100-jährigen Geschichte in den USA wesentlich zum Erfolg diverser sozialer Kämpfe beigetragen. Große und kleine Organisationen haben politischen Entscheidungsträger_innen, staatlichen Institutionen und Unternehmen Zugeständnisse abgerungen. Gleichzeitig haben sie die strukturellen Unterdrückungslinien des alltäglichen Zusammenlebens in Frage gestellt. Die Einführung des Sozialstaates, das Ende des Vietnamkrieges, die Aufhebung der formalen Rassentrennung und der Kampf gegen die Unterdrückung von Frauen sind historische Erfolge dieser revolutionären Praxis.

Der kritische, aber positive Bezug auf die Erfahrungen der militanten Arbeiterbewegung Ende des 19. Jahrhunderts, der kommunistischen Arbeitslosenräte in den 1930er Jahren, der radikalen Bürgerrechtsbewegung der 1960er Jahre und der feministischen Bewegungen in den darauf folgenden Jahrzehnten ermöglichten eine kontinuierliche Weiterentwicklung revolutionären Community Organizings.

Zu Beginn des 21. Jahrhunderts fordern eine Vielzahl von Organisationen den gesellschaftlichen Status quo militant heraus. Sie organisieren Nachbarschaften und Städte gegen eine Vielzahl von Zumutungen und für eine gerechte Gesellschaft. Der rassistische Polizeistaat, explodierende Mieten, Abschiebungen, teurer öffentlicher Nahverkehr, Umweltverschmutzungen, unzumutbare Arbeitsbedingungen und geringe Löhne sind nur einige bearbeitete Themen. Transformative Organisationen gehen in direkte Konfrontationen mit Entscheidungsträger_innen und denen, die ihre Entscheidungen ausführen. Sie schaffen eine landesweite und internationale Vernetzung ihrer Basisorganisationen.

Transformatives Community Organizing geht so darüber hinaus, Basisorganisation bloß gutzuheißen. Ihr Ansatz von Basisarbeit ist eine ernsthafte, in jahrzehntelanger Praxis entwickelte Strategie, die kontinuierliche Organisation von unten ermöglicht, Fehler und Missverständnisse reflektiert und sie in einen historischen und überregionalen Zusammenhang stellt. Entsprechende Organisationen haben mindestens dreistellige Mitgliederzahlen und begrenzen sich nicht auf Kampagnen zu vereinzelten Themen. Sie haben sich zum Ziel gesetzt, in ihren »gegen-hegemonialen Forderungen« (Mann) den Anspruch einer grundsätzlichen Gesellschaftsveränderung zu vermitteln.

Viele liberale Organizer_innen, allen voran Saul Alinsky, haben behauptet, dass Nachbarschaftsorganisationen mit umfassenden Forderungen nicht erfolgreich sein können und auf diese Weise Menschen nicht animieren, sich zu beteiligen. Die vielen Erfolge und die große Mitgliederzahl aktueller transformativer Nachbarschaftsorganisationen widersprechen dieser oft geäußerten Kritik. *City Life/Vida Urbana* hat in Boston Verbotszonen für Zwangsräumungen durchgesetzt und Mietobergrenzen erstritten. In Los Angeles wurden dank der *Bus Riders Union* 2,7 Milliarden Dollar für das System des öffentlichen Nahverkehrs umverteilt. *People Organized to Win Employment Rights* haben in San Francisco kostenlosen öffentlichen Nahverkehr für einkommensarme Jugendliche erkämpft und *Tenants and Workers United* haben Unternehmen und Immobilien kollektiviert, Mindestlöhne erstritten und die Gesundheitsversorgung drastisch verbessert.

Das in diesen Organisationen praktizierte transformative Community Organizing kann durch vier Eckpunkte modellhaft beschrieben werden: eine *kritische Analyse der und eine grundsätzliche Opposition gegen die gesellschaftlichen Verhältnisse*, eine explizit *politische Basisarbeit*, *konfrontative Politikformen* und die Etablierung einer *organisationsübergreifenden, grenzenlosen und praktischen Solidarität.*

Transformative Organisationen verorten sich in einem integralen System von Unterdrückung, in dem mehrere Unterdrückungslinien je nach Zeit und Ort unterschiedlich zusammen wirken. Sie erkennen Herrschaft als strukturell verankertes und individuell erlebtes Phänomen und versuchen der mitunter widersprüchlichen Realität gerecht zu werden. Sie stehen vielfältiger Unterdrückung kämpferisch und unvereinbar entgegen und wollen sie ausgehend von ihrer theoretisch fundierten Kritik und ihren praktischen Erfahrungen überwinden.

Politische Basisarbeit hat mehrere gleichberechtigte Ebenen, deren verbindendes Ziel es ist, eine steigende Zahl an Menschen gegen den gesellschaftlichen Status quo zu organisieren. Dazu wurden verbindliche Strukturen für basisdemokratische Entscheidungen und politische Bildungsarbeit etabliert. Der Begriff *leadership* beschreibt die klare Verteilung von Verantwortung, einen respektvollen Umgang und eine gemeinsame strategische Richtung innerhalb der Organisationen, die durch einen kollektiven Prozess von unten erreicht werden. Die Basis der Organisationen sind die Menschen, die unter den jeweiligen Unterdrückungsformen leiden.

Transformatives Community Organizing organisiert Menschen zwar für eine emanzipatorische Vision der Gesellschaft, aber auch um konkrete Erfolge zu erzielen. Durch direkte Aktionen gehen Organisationen in Konfrontation mit den Verhältnissen. In ihren »gegen-hegemonialen« Forderungen wird eine andere Welt sichtbar, unabhängig vom Erfolg der jeweiligen Kampagnen.

Transformative Nachbarschaftsorganisationen schätzen andere Organisationsansätze und sehen sich als kleiner Teil umfassender sozialer Bewegungen, zu deren kontinuierlichem Aufbau sie sich verpflichten. Die gemeinsame transformierende Kraft hängt von der Bereitschaft der Beteiligten ab, eine solidarische, praktische und über die eigenen Bezirks-, Stadt- und Landesgrenzen hinausgehende Bewegung aufzubauen (*movement building*).

Die vier Elemente sind keine Blaupause für erfolgreiche Nachbarschaftsorganisationen. Sie stellen Eckpunkte einer Sozialen Such-Bewegung im wahrsten Sinne des Wortes dar, mit deren Hilfe produktive Lösungen für widersprüchliche Situationen gefunden werden können. In dieser Form kann transformatives Community Organizing dem Vorhaben, schlagkräftige Basisbewegungen in der BRD zu etablieren, wichtige Impulse geben.

Ich frage mich, welche Priorität neoliberale Politik für den rot-roten Senat Berlins gehabt hätte, wenn er mit mehreren kämpferischen Basisorganisationen konfrontiert gewesen wäre. Welchen Einfluss hätten direkte Aktionen zu Verhandlungen über die Budgetverteilung bei der Berliner S-Bahn gehabt, die mit Blick auf den angestrebten Börsengangs lieber viele Millionen verschenkt, statt ausreichend Züge bereit zu halten und ausreichend Werkstattpersonal zu beschäftigen? Wie wäre der Volksentscheid zur Rekommunalisierung der Berliner Energieversorgung verlaufen, wenn neben den insgesamt 50 NGOs, größeren autonomen Gruppen und linken Parteien noch unzählige Basisorganisationen mit zehntausenden Menschen das Anliegen tatkräftig unterstützt hätten? Welchen Einfluss könnte eine transformative Basisorganisation von und für die 700.000 Menschen entfalten, die in Berlin ALGII beziehen? Wären Sanktionen immer noch durchsetzbar? Würde die SPD auf Bundesebene an ihrem neoliberalen Kurs in der Sozialpolitik festhalten, wenn Basisorganisationen sie regelmäßig an die Folgen ihrer Politik von Sozialabbau und Kriegstreiberei erinnern würden? Könnte die Festung Europa standhalten, wenn für jede_n Tote_n im Mittelmeer eine Vorstandssitzung der Rüstungsindustrie gesprengt werden würde?

Die Gesellschaft von der Nachbarschaft aus zu revolutionieren, ist in Zeiten weitgehend ungebrochener Vorherrschaft neoliberaler Erzählungen ein schwieriges und notwendigerweise langfristiges Unterfangen. Transformatives Community Organizing kann bundesdeutsche soziale Bewegungen dabei unterstützen, die Kräfteverhältnisse ins Wanken zu bringen. In der BRD im Allgemeinen und in Berlin im Besonderen gibt es seit einigen Jahren vermehrt Stadtteil- und Kiezinitiativen, die abseits bekannter Organisationsformen (Gewerkschaften, Parteien, Vereinen, NGOs, Bürgerinitiativen oder autonome Gruppen) mit Formen der Basisorganisation experimentieren.

Kotti & Co (K&C) und *Zwangsräumungen verhindern (ZRV)* versuchen seit wenigen Jahren, tatsächliche Basisorganisationen aufzubauen. Sie adressieren mehrere Unterdrückungslinien, stellen sich der Vorherrschaft des Unternehmens Stadt in den Weg, halten das Ende der Geschichte offen und verweigern sich so dem dystopischen Angebot neoliberaler Politiker_innen. Dass dieser

Versuch Erfolg haben kann, deuteten schon Senior_innen aus Berlin-Pankow im Jahr 2012 an, als sie durch die Besetzung ihrer Begegnungsstätte die Vertreter_innen von Sozialabbau und Privatisierung in Bezirk und Senat in Rechtfertigungsschwierigkeiten manövrierten. Auch *K&C* und *ZRV* zwingen die Regierenden in konkreten Situationen zu alternativen Entscheidungen, ringen ihnen Zugeständnisse ab und sägen so am Fundament der neoliberalen Stadt. Ihre konfrontativen Aktionsformen – der dritte Eckpunkt transformativen Community Organizings – ergänzen sie durch eine breite Palette verschiedenster Aktivitäten.

Im Prozess der Organisierung sind *ZRV* und *K&C* mit unbequemen Schwierigkeiten konfrontiert. Das Ziel, möglichst viele Menschen in ein politisches Projekt einzubinden, setzt eine Praxis voraus, die den Balanceakt zwischen politischer Klarheit und organisatorischer Offenheit tragen kann. Im Gespräch mit *K&C* und *ZRV* ist deutlich geworden, dass verschiedene Voraussetzungen unterschiedliche Herangehensweisen nach sich ziehen. *K&C* sieht ihre Basis in den Menschen in den Sozialwohnungen am Kottbusser Tor. Innerhalb von *ZRV* kämpfen Menschen aus ganz Berlin gegen Zwangsräumungen in der gesamten Stadt. Die Entscheidung, zu welchem Zeitpunkt, in welcher Form, wie voraussetzungsvoll und mit welcher Deutlichkeit die eigene politische Position geäußert wird, hängt auch von diesen Ausgangsbedingungen ab.

K&C ist gut beraten, den behutsamen Prozess der Entwicklung von Forderungen und Analysen gemeinsam mit ihrer Basis fortzusetzen. *ZRV* können aufgrund ihrer Rolle als letzte Instanz, die Zwangsräumungen entgegensteht, in aller Deutlichkeit eine anti-kapitalistische Kritik des Wohnungsmarkts verbreiten. Sie verbinden erfolgreich eine klare politische Positionierung mit einer – von ihrer Basis getragenen – Weiterentwicklung ihrer Analyse und ihres Vorgehens.

Beide Beispiele zeigen, wenn auch in unterschiedlicher Deutlichkeit, dass eine klare politische Positionierung einer effektiven Basisorganisation nicht im Weg steht. Der Anspruch auf Basisdemokratie ist nicht gleichbedeutend mit politischer Beliebigkeit. Politische Klarheit behindert auch nicht den Aufbau persönlicher Loyalitätsbeziehungen, die im politischen Alltag so wichtig sind. Es erleichtert sie im Gegenteil, weil Menschen dadurch bewusst wird, dass eine klar positionierte Organisation ihr Fähnchen nicht in den Wind der politischen Großwetterlage oder der bezirklichen Budgetverhandlung hängt. Es ist von entscheidender Bedeutung, politische Positionierung und politisches Handeln als Prozess zu verstehen und beides nicht mit Fragen subkultureller Identität aufzuladen, sondern an der sozialen Frage auszurichten. Die Organisationserfolge von *K&C* und *ZRV* bestätigen diese Sichtweise.

Die Frage der politischen Positionierung verweist auf den ersten und zweiten Eckpunkt transformativen Community Organizings, also darauf, eine kritische und oppositionelle Analyse der Gesellschaft anbieten zu können und eine effektive und basisdemokratische Arbeitsstruktur zu schaffen. An der Arbeit beider Gruppen wird deutlich, dass auch politische Basisarbeit nur durch ständige Selbstkritik und Korrektur des eigenen Vorgehens möglich ist. Fragen der Basisarbeit sind oft Fragen der Verteilung von Verantwortung, der Entscheidungsfindung, der politischen und strategischen Richtung und des gegenseitigen Umgangs. Das transformative Konzept von *leadership* bietet hier eine Möglichkeit, Verantwortung, Entscheidungsfindung, Richtung und Umgang innerhalb der Organisation von unten, kollektiv und für Veränderungen offen zu gestalten.

Gerade politische Basisarbeit und transformative Konzepte von *leadership* sollten innerhalb von *K&C* und *ZRV* und innerhalb sozialer Bewegungen in der BRD noch offensiver und ehrlicher diskutiert werden. Bundesdeutsche Nachbarschaftsorganisationen sollten ihre Basisarbeit einer kritischen Betrachtung unterziehen. Bei allen Kontakten nach der Telefonnummer zu fragen, regelmäßig Kontakt zu halten, eindeutige Beteiligungs- und Entscheidungsstrukturen zu schaffen, politische Bildungsarbeit zu institutionalisieren, Erfahrungen und Fähigkeiten strukturiert weiterzugeben und sich ohne subkulturelle oder persönliche Arroganz zu begegnen, sind das Herzstück transformativen Community Organizings. An dieser Stelle wäre auch eine Debatte zur Frage der Finanzierung anzuregen. Denn schließlich zeigt die US-amerikanische Erfahrung auch, dass eine, wenn auch notdürftig finanzierte politische Infrastruktur langfristig angelegtes Community Organizing ermöglicht, ohne dadurch automatisch die »revolutionäre Richtung« (Mann) zu verlieren.

Eine kritische Würdigung linker Basisorganisierung in der BRD kann auch die Diskussion voranbringen, warum viele linke Gruppen und Initiativen solche Schwierigkeiten haben jene Menschen einzubinden, die existenziell von Verdrängung, rassistischer Ausgrenzung und Ausbeutung betroffen sind. Die eigene Mittelschichtsorientierung wird innerhalb linker Bewegungen selten thematisiert. Strategien transformativen Community Organizings, wie sie auch von *ZRV* und *K&C* angewandt werden, ermöglichen den Schritt von einer Skandalisierung der Probleme anderer hin zu einer gemeinsamen Strategie des Widerstands unterschiedlich Betroffener. Auch ihre Offenheit für Unterdrückungslinien neben der jeweiligen Position auf dem kapitalistischen Wohnungs- oder Arbeitsmarkt ist sehr zu begrüßen. Denn die Frage, wer innerhalb der Organisationen die Richtung der Kämpfe bestimmt, verändert die Kämpfe selbst. Eric Mann hat in unserem Gespräch unterstrichen, dass »es die politische Landschaft der Stadt erschüttert, wenn die Unterdrückten selbst die Politik bestimmen«. Die kritische Distanz zur Mittelschicht muss an der Basisarbeit und an der inhaltlichen Ausrichtung erkennbar sein. Ist dies erfolgreich, können innerhalb sozialer Bewegungen und deren Organisationen

Widersprüche thematisiert und bearbeitet werden, beispielsweise wenn einige sich Eigentumswohnungen kaufen können, während andere mit Lebensmittelgutscheinen von Jobcentern oder Flüchtlingsunterkünften einkaufen müssen.

Weiteren Nachholbedarf sehe ich beim vierten Eckpunkt, der den aktiven Aufbau organisationsübergreifender, grenzenloser und praktischer Solidarität fordert. Meiner Meinung nach gewinnen Kämpfe um die soziale Frage an Durchsetzungskraft, wenn Beteiligte politischer Gruppen, egal ob Basisorganisation oder nicht, anderen Organisationsansätzen Respekt und Wertschätzung entgegenbringen. Das Strategy Center in Los Angeles »schätzt andere Ansätze« und »respektiert Organizer_innen, die mehr Menschen organisieren«. Diese Einstellung bietet einen produktiven Umgang mit der Unterschiedlichkeit innerhalb sozialer Bewegungen. Sie ermöglicht allen Beteiligten eine respektvolle Zusammenarbeit und eine kritische Selbstreflexion. Sich bewegungsintern schlecht zu reden, bringt dagegen – außer dem eigenen Ego – keine Vorteile.

Darüber hinaus wäre eine ausgeprägtere internationale Perspektive für Nachbarschaftsorganisationen wünschenswert. Ein stärkeres Bewusstsein über die Rolle der BRD im globalisierten Kapitalismus würde die Gesellschaftsanalyse, die Basisarbeit, die Aktionsformen und schließlich auch den Aufbau sozialer Bewegungen insgesamt stärken. Das Beispiel von *ZRV*, die zusammen mit obdachlosen Bulgar_innen erfolgreich für eine dauerhafte Unterkunft gekämpft haben, macht Hoffnung auf einen weiteren Rückzug des selbstbezogenen Politikansatzes vieler sozialer Bewegungen in der BRD.

Während transformative Organisationen im Idealfall inhaltlich und geographisch über den Tellerrand schauen, verteidigen (neo)liberale Nachbarschaftsorganisationen mit aller Macht die Grenze des eigenen Gartens. Sie betrachten die Wohnungsfrage als isoliertes Problem und ignorieren jede Verbindung zur Eigentums- und Profitlogik oder zum rassistischen Normalzustand, geschweige denn zur Lebensrealität an anderen Orten der Welt. Liberales Community Organizing produziert richtungslose und selbstreferenzielle Beteiligung, die politisch nichts will. In Berlin begeben sich (neo)liberale Versuche der Nachbarschaftsorganisation – Quartiersmanagements und Bürgerplattformen – in blinde Komplizenschaft mit den Zielen unternehmerischer Stadtpolitik. Die Vertreibung hunderttausender Menschen aus ihren Stadtteilen wird ignoriert, geleugnet oder de-thematisiert.

Viele Mitglieder der Bürgerplattform Wedding/Moabit habe ich als aufgeschlossen und kritisch wahrgenommen. Sie haben ein gutes Gespür für gesellschaftliche Schieflagen und stehen diesen ablehnend gegenüber. Sie sollten sich fragen, ob die Bürgerplattform der richtige Ort für ihre Anliegen ist und ob die politischen Ergebnisse die eigenen Visionen widerspiegeln. Das DICO und die Initiator_innen der Bürgerplattformen sehen die Grenzen des Möglichen im Rahmen, den ihnen die feststehenden Programme der Stadtpolitik vorgeben

– und das, obwohl sie im Vergleich mit den meisten Basisinitiativen ein Vielfaches der organisatorischen Kapazitäten zur Verfügung haben. Die Tatsache, dass die Menschen sich bei der Bürgerplattform organisieren, stellt aber auch die Vermutung in den Raum, dass es anscheinend (noch) keine transformativen Organisationen gibt, die sie ansprechen.

(Neo)liberales Community Organizing wird von weiteren Unzulänglichkeiten begleitet. Die Organisationen führen nur isolierte und gewinnbare Konflikte, bezeichnen sich selbst als nicht-ideologisch, orientieren sich aber finanziell und ideologisch an lokalen Machtstrukturen und denken selten über den Stadtteil hinaus. In der Folge können die Ansätze von Saul Alinsky oder aktuell von Leo Penta den alltäglichen Verwerfungen nichts entgegensetzen. Weder die konfrontativen noch die kooperativen Formen liberaler Nachbarschaftsorganisierung können auf langfristige emanzipatorische Erfolge zurückblicken, auch weil sie keine substantiellen Ziele formulieren.

Alinskys Zielsetzung, »Revolutionen« durch Inhaltsleere und Richtungslosigkeit zu ermöglichen, hat nicht nur wenig erreicht, es hat auch zur Schwächung sozialer Bewegungen beigetragen. In historischen Momenten, in denen die gesellschaftlichen Herrschaftsverhältnisse gewankt haben und umfangreiche politische Erfolge in greifbarer Nähe waren, haben Alinskys Organisationen sich ebenso geweigert, sich mit anderen Organisationen zu solidarisieren, wie in Zeiten massenhafter politischer Verfolgung. Stattdessen kritisierte er in teils beleidigenden Tonlagen revolutionäre Community Organizing-Versuche, die den Sozialstaat erkämpft, Kriege beendet und die formale Rassentrennung besiegt haben. Weder Alinskys konfrontative Organisationen noch Projekte nach dem Ansatz des Community Developments können solche Erfolge aufweisen, was nicht zuletzt an den Unzulänglichkeiten ihrer Methodik liegt. Ich stimme daher dem US-amerikanischen Organizer Jon Liss von *TWU* in Virginia zu, der liberales Community Organizing für emanzipatorische Kämpfe als unbrauchbar erklärt: »Jahrzehntelang hat der old-school Alinsky-Ansatz das Organizing in der Community und am Arbeitsplatz in den USA dominiert; es ist an der Zeit, offiziell sein Scheitern zu verkünden« (Liss 2012: 254).

Zu Beginn der Entdeckungsreise in das weite Feld des Community Organizings habe ich eine Gruppe von Menschen vorgestellt, die sich aufgrund ihrer gemeinsamen Problemlage in einem unsanierten Berliner Altbau zusammengefunden haben. Transformatives Community Organizing eröffnet ihnen eine strukturierte Herangehensweise an ihre eigene Basisorganisierung, die konkrete Forderungen mit einer gesellschaftlichen Vision verbindet. Im Kern bietet es »ihnen und ihren Familien eine bessere Gesellschaft an«, so der Organizer Eric Mann. Diese Transformation der Verhältnisse geschieht jedoch nicht von alleine, sondern geht »mit Arbeit und Einschränkungen« der betroffenen Menschen, der Organizer_innen und Unterstützer_innen einher. Diese Herausforderung anzunehmen, würde die Vision einer besseren Gesellschaft näher rücken lassen, die nicht mehr durch den Kampf ums Überleben, sondern durch das schöne Leben geprägt ist. Baut eine schlagkräftige Basisbewegung auf und kämpft für das, was ihr verdient habt!

Literaturverzeichnis

Alinsky, Saul D. (1971): Rules for Radicals – A Practical Primer for Realistic Radicals. New York. Random House.

Alinsky, Saul D. (2007 [1972]): Rebell trifft „Playboy" – Saul Alinsky im Gespräch mit Eric Norden. In: Penta, Leo (Hrsg.). Community Organizing – Menschen verändern ihre Stadt. Hamburg. edition Körber-Stiftung. S. 19 – 39.

Austin, Michael J./Betten, Neil (1990): The Roots of Community Organizing: An Introduction. In: dies. (Hrsg.). The Roots of Community Organizing – 1917-1939. Philadelphia. Temple University Press. S. 3 – 15.

Bezirksamt Berlin-Mitte (2012): Kommunikationskonzept Müllerstraße. Online einsehbar unter http://www.muellerstrasse-aktiv.de/wp-content/uploads/Entwurf_Kommunikationskonzept_Stand_010312_Teil1.pdf [Zugriff am 30.01.2014].

Brecher, Jeremy (1972): Strike. San Francisco. Straight Arrow Books.

Browne, Jaron/Franco, Marisa/Negron-Gonzales, Jason/Williams, Steve (2006): Towards Land, Work & Power – Charting a Path of Resistance to US-led Imperialism. San Francisco. Unite to Fight Press.

Castells, Manuel (1983): The City and the Grassroots. Berkeley/Los Angeles. University of California Press.

Clarke, John (2007): Die Neuerfindung der Community? Regieren in umkämpften Räumen. In: Kessl, Fabian/Otto, Hans-Uwe (Hrsg.). Territorialisierung des Sozialen – Regieren über soziale Nahräume. Opladen. Verlag Barbara Budrich. S. 57 – 80.

Crenshaw, Kimberlé W. (2010 [1989]): Die Intersektion von „Rasse" und Geschlecht demarginalisieren: Eine Schwarze feministische Kritik am Antidiskriminierungsrecht, der feministischen Theorie und der antirassistischen Politik. In: Lutz, Helma/Herrara Vivar, Maria Teresa /Supik, Linda (Hrsg.). Fokus Intersektionalität – Bewegungen und Verortungen eines vielschichtigen Konzepts. Wiesbaden. VS Verlag für Sozialwissenschaften. S. 33 – 54.

DeFilippis, James/Saegert, Susan (2008): Communities Develop: The Question is How? In: dies. (Hrsg.). The Community Development Reader. New York. Routledge. S. 1 – 10.

DIFU – Deutsches Institut für Urbanistik (2000): Soziale Stadt info. 2. Online einsehbar unter http://www.staedtebaufoerderung.info/cln_030/nn_1189812/SharedDocs/Publikationen/StBauF/SozialeStadt/SozStadt-

Info/SozInfo__02,templateId=raw,property=publicationFile.pdf/SozInfo_02.pdf [Zugriff am 30.01.2014].

Eick, Volker (2005). Neue Sicherheitskonzepte im sich wandelnden Wohlfahrtsstaat – Kommunale Kriminalpolitik zwischen Kommerzialisierung und Community. Vortrag im Colloquium der FU Berlin. John F. Kennedy Institut. Abteilung Politik.

Ellis, Christine (1988): People Who Cannot Be Bought. In: Lynd, Alice/Lynd, Staughton (Hrsg.). Rank and File – Personal Histories by Working-Class Organizers. New York. Monthly Review Press. S. 1 – 26.

Fischer, Robert (1994): Let the People Decide – Neighborhood Organizing in America. New York. Twayne Publishers.

Fischer, Robert/Shragge, Eric (2000): Challenging Community Organizing – Facing the 21st Century. In: Journal of Community Practice. 8. 3. S. 1 – 19.

Fisher, Robert/Katiya, Yuseph/Reid, Christopher/Shragge, Eric (2013): ›We Are Radical‹: The Right to the City Alliance and the Future of Community Organizing. In: Journal of Sociology & Social Welfare. XL. 1. S. 157 – 182.

Folsom, Franklin (1991): Impatient armies of the poor – The story of collective action of the unemployed 1808-1942. Niwot. University Press of Colorado.

Goldberg, Harmony (2008): Building Power in the City: Reflections on the Emergence of the Right to the City Alliance and the National Domestic Worker's Alliance. Online einsehbar unter: http://inthemiddleofthewhirlwind.wordpress.com/building-power-in-the-city [Zugriff am 30.01.2014].

Harvey, David (2007): Räume der Neoliberalisierung – Zur Theorie der ungleichen Entwicklung. Hamburg. VSA Verlag.

Hayden, Tom (1988): Reunion – A Memoir. New York/Toronto. Random House.

Heeg, Susanne/Rosol, Marit (2007): Neoliberale Stadtpolitik im globalen Kontext. Ein Überblick. In: PROKLA, 149, 4. S. 491 – 510.

Huber, Stefan (2010): Community Organizing in Deutschland – Eine ›neue‹ Möglichkeit zur Vitalisierung Lokaler Demokratie? Potsdam. KWI-Arbeitshefte. 17. Universitätsverlag Potsdam.

Kaindl, Christina/Rilling, Rainer (2011): Eine neue ›gesellschaftliche Partei‹? Linke Organisation und Organisierung. In: LuXemburg – Gesellschaftsanalyse und linke Praxis. 4. S. 16 – 27.

Lanz, Stephan (2000): Der Staat verordnet die Zivilgesellschaft. In: Widersprüche. 20. 78. S. 39 – 52.

Liss, Jon (2012): The Right to the City – From Theory to Grassroots Alliance. In: Brenner, Neil/Marcuse, Peter/Mayer, Margit (Hrsg.). Cities for People, not for Profit: Critical Urban Theory and the Right to the City. New York. Routledge. S. 250 – 263.

Lucia, Danny (2010): The unemployed movements of the 1930s – Bringing misery out of hiding. In: International Socialist Review. 71. 4. Online einsehbar unter http://isreview.org/issue/71/unemployed-movements-1930s [Zugriff am 30.01.2014].

Mann, Eric (2001): A Race Struggle, a Class Struggle, a Women's Struggle all at once – Organizing on the Buses of L.A. In: Panitch, Leo (Hrsg.). Working classes global realities. London. Socialist Register. S. 259 – 273.

Mann, Eric (2010a): The 7 Components of Transformative Organizing Theory. Los Angeles. Frontline Press.

Mann, Eric (2010b): Vortrag auf dem US Social Forum 2010 in Detroit. Panel: Transformative Organizing Theory – Conscious Organizers Seek to Build Anti-racist, Anti-imperialist Politics Rooted in Working Class Communities of Color. Online einsehbar unter http://www.youtube.com/watch?v=Abm34FzgwoE [Zugriff am 30.1.2014].

Mann, Eric (2011): Playbook for Progressives – 16 Qualities of the Successful Organizer. Boston. Beacon Press.

Maruschke, Robert (2014): Community Organizing – Zwischen Bürgerplattform und revolutionärer Perspektive. In: Holm, Andrej (Hrsg.). Reclaim Berlin – Soziale Kämpfe in der neoliberalen Stadt. Berlin/Hamburg. Assoziation A. S. 223 – 249.

Mohrlock, Marion/Neubauer, Michaela/Neubauer, Rainer/Schönfelder, Walter (1993): Let's organize! Gemeinwesenarbeit und Community Organization im Vergleich. München. AG SPAK.

Ohmer, Mary L./DeMasi, Karen (2008): Consensus Organizing: A Community Development Workbook – A Comprehensive Guide to Designing, Implementing, and Evaluating Community Change Initiatives. Thousand Oaks. SAGE Publications.

Penta, Leo (Hrsg.) (2007): Community Organizing – Menschen verändern ihre Stadt. Hamburg. edition Körber-Stiftung.

Penta, Leo/Sander, Susanne (2007): Community Organizing und Bürgergesellschaft. In: Forschungsjournal Neue Soziale Bewegungen. 2. S. 161 – 165.

Poblet, Maria (2013): Until Every One of Us is Free – Reclaiming Feminism at the Grassroots. Online einsehbar unter http://www.organizingupgrade.com/index.php/component/k2/item/1008-reclaiming-feminism [Zugriff am 30.01.2014].

POWER (People Organized to Win Employment Rights) (2014): Our History. Online einsehbar unter http://www.peopleorganized.org/who-we-are/our-history/ [Zugriff am 30.01.2014].

Pröhl, Marga (2002): ›Good Governance‹ – Gemeinsame Verantwortung für Demokratie und Lebensqualität. In: Pröhl, Marga (Hrsg.). Good Governance für Lebensqualität vor Ort – Internationale Praxisbeispiele für Kommunen. Gütersloh. Verlag Bertelsmann Stiftung. S. 7 – 12.

Putnam, Robert (1995): Bowling Alone – America's Declining Social Capital. In: Journal of Democracy. 1. 65 – 78.

Rose, Nikolas (2000): Tod des Sozialen? Eine Neubestimmung der Grenzen des Regierens. In: Bröckling, Ulrich/Krasmann, Susanne/Lemke, Thomas (Hrsg.). Gouvernementalität der Gegenwart – Studien zur Ökonomisierung des Sozialen. Frankfurt (Main). Suhrkamp. S. 72 – 109.

Rothman, Jack (1970): Three Models of Community Organization Practice. In: Cox, Fred M./Erlich, John L./Rothman, Jack/Tropman, John E. (Hrsg.). Strategies of Community Organization – A Book of Readings. Itasca. F. E. Peacock. S. 20 – 36.

Rothschuh, Michael (2013): Politik und Community Organizing – Aktuelle Entwicklungen in den USA. In: FORUM sozial. 3. S. 52 – 55.

Rubin, Herbert J./Rubin, Irene S. (1992): Community Organizing and Development. Second Edition. Columbus. Merrill Publishing.

Senat von Berlin (2008): Programm ›Aktive Stadtzentren‹. Drucksache Nr. 16/1051. Online einsehbar unter http://www.stadtentwicklung.berlin.de/staedtebau/foerderprogramme/aktive_stadtzentren/download/aktive_zentren_vorlage_abgeordnetenhaus.pdf [Zugriff am 20.2.2012].

Sennett, Richard (2012): Zusammenarbeit – Was unsere Gesellschaft zusammen hält. München. Carl Hanser Verlag.

Shragge, Eric (2003): Activism and social change – Lessons for community and local organizing. Peterborough. Broadview Press.

Silvermann, Robert Mark (2004): Introduction: Social Capital and Community Development. In: ders. (Hrsg.). Community-Based Organizations – The Intersection of Social Capital and Local Context in Contemporary Urban Society. Detroit. Wayne State University Press. S. 1 – 18.

Smock, Kristina (2004): Democracy in Action – Community Organizing and Urban Change. New York. Columbia University Press.

Stall, Susan/Stoecker, Randy (2008): Community Organizing or Organizing Community? Gender and the Crafts of Empowerment. In: DeFilippis, James/Saegert, Susan (Hrsg.). The Community Development Reader. New York. Routledge. S. 201 – 208.

Stoecker, Randy/Stall, Susan (1996): Community Organizing or Organizing Community? Gender and the Crafts of Empowerment. Online einsehbar unter http://comm-org.wisc.edu/papers96/gender.html [Zugriff am 30.01.2014]

Szynka, Peter (2011): Community Organizing – Ein Weg zu mehr Beteiligung. Friedrich-Ebert-Stiftung. Forum Berlin. Projekt Gesellschaftspolitische Integration. Arbeitspapier Nr. 8. Online einsehbar unter: http://library.fes.de/pdf-files/do/08065.pdf. [Zugriff am 30.01.2014].

TWU (Tenants and Workers United) (2014): About us. Online einsehbar unter http://www.tenantsandworkers.org/index.php?option=com_content&view=article&id=53&Itemid=58&lang=en [Zugriff am 30.01.2014].

Wagner, Thomas (2013): Die Mitmachfalle – Bürgerbeteiligung als Herrschaftsinstrument. Köln. PapyRossa.

Warren-White, Josh (2007). From the Base – Revolutionary Left Community Organizing in the US. Unveröffentlichte Arbeit.

Watkins, Patricia (2011): Beitrag auf der Konferenz ›Revolutionäre Realpolitik in Zeiten von Kürzungspolitik und Krise‹ der Rosa-Luxemburg-Stiftung am 23.09.2011. Panel: Was genau ist transformatorisch an unserer Praxis? Welche Ansätze und Praxen sind erfolgreich? Online einsehbar unter http://www.rosalux.de/event/44134 [Zugriff 30.01.2014].

Williams, Steve (2011): Beitrag auf der Konferenz ›Revolutionäre Realpolitik in Zeiten von Kürzungspolitik und Krise‹ der Rosa-Luxemburg-Stiftung am 23.09.2011. Panel: Was genau ist transformatorisch an unserer Praxis? Welche Ansätze und Praxen sind erfolgreich? Online einsehbar unter http://www.rosalux.de/event/44134 [Zugriff 30.01.2014].

Williams, Steve (2013): Fordert Alles – Lehren aus dem Transformativen Organizing. New York. Rosa-Luxemburg-Stiftung. Online einsehbar unter http://www.rosalux-nyc.org/de/demand-everything/ [Zugriff am 30.01.2014].

BERLIN In den letzten Jahren hat sich die Hauptstadt rasant verändert. Wohnungen, die lange als unattraktiv galten, werden von Anlegern als sichere Geldanlagen genutzt. Massenhafte Umwandlungen in Eigentumswohnungen und Mietsteigerungen in bisher unbekanntem Ausmaß werden alltäglich. Die sichtbaren Mieterproteste in der schillernden Metropole Berlin sind eine Reaktion auf die zunehmend mangelhafte Versorgung mit bezahlbarem Wohnraum.

Der Film ist ein Kaleidoskop der Mieterkämpfe in Berlin gegen die Verdrängung aus den nachbarschaftlichen Lebenszusammenhängen. Eine Besetzung des Berliner Rathauses, das Camp am Kottbusser Tor, der organisierte Widerstand gegen Zwangsräumungen und der Kampf von Rentnern um ihre altersgerechten Wohnungen und eine Freizeitstätte symbolisieren den neuen Aufbruch der urbanen Protestbewegung.

Ein Dokumentarfilm von
Gertrud Schulte Westenberg und Matthias Coers

D 2014 | 78 min. | OmeU

Kontakt: schultecoersdok@gmail.com | 030 / 25560722

www.mietrebellen.de

Peter Nowak (Hg.)

Zwangsräumungen verhindern

Ob Nuriye ob Kalle, wir bleiben alle

Reihe Systemfehler Bd. 5

96 Seiten, 7.80 Euro

ISBN 978-3-942885-52-2

Die Berliner Kampagne „Zwangsräumungen verhindern" mobilisiert mittlerweile wöchentlich gegen Räumungen. Das Buch geht auf ihre Vorläufer in der Weimarer Republik ein, und wirft einen Blick auf Spanien, wo die Bewegung gegen Wohnungs- und Häuserräumungen ein innenpolitischer Faktor ist. Ein Interview mit der Soziologin Ceren Türkmen widmet sich der Frage, warum sich viele Menschen mit migrantischen Hintergrund gegen Zwangsräumungen wehren. Ein Kapitel behandelt den Widerstand von Senior*innen und die öffentlichen Reaktionen darauf. In einem Interview mit Aktivist*innen geht es um die Perspektiven und Grenzen des Widerstands gegen die Zwangsräumungen.

F. Burschel, A. Kahrs, L. Steinert (Hg.)

Ungehorsam! Disobedience!

Theorie & Praxis kollektiver Regelverstöße

ca. 152 Seiten, ISBN 978-3-942885-60-7

Praktiken des Zivilen Ungehorsams sind in den letzten Jahren in Deutschland überraschend en vogue: Heiligendamm, Dresden, Stuttgart, Wendland, Frankfurt und die Zelte der Occupy-Bewegung waren und sind unübersehbare Zeichen einer Renaissance von Zivilem Ungehorsam im Lande. Welches sind und waren die Legitimationsressourcen, Streitpunkte und Bezüge innerhalb der ungehorsamen Bewegungen? Auf welche theoretischen Definitionen wird sich bezogen und wo werden aus einer linken Perspektive theoretische Abgrenzungen vollzogen?

Mit Beiträgen:
Eva von Redecker, Julika Mücke, Thomas Seibert, Anna Dohm und Henning Obens, Maike Zimmermann, Nikolai Huke, Julia Böhnke und Jan Duschek, Marion Bayer und Hagen Kopp, Alex Demirovic.

Duygu Gürsel, Zülfukar Çetin
& Allmende e.V. (Hg.)

Wer Macht Demo_kratie?

Kritische Beiträge zu Migration und Machtverhältnissen
Reihe: kritik_praxis, Band 1
farbig, Broschur, 142×205 mm
256 Seiten, 16.80 Euro
ISBN 978-3-942885-34-8

Wer MACHT Demo_kratie? lautet die zentrale Frage des Sammelbandes.

Die Autor_innen setzen sich in ihren Beiträgen u.a. mit Migrations- und Flüchtlingspolitiken, Demokratie, Kapitalismus, Rassismus, Homonationalismus, Kolonialismus, Feminismus, sozialen Kämpfen und migrationsbezogener Sozialer Arbeit auseinander.

Sozialwissenschaftler_innen, Aktivist_innen und andere politischen Akteur_innen kommen hier zu Wort und bringen Alternativen für politisch-wissenschaftliche Auseinandersetzungen zum Ausdruck.

Das Buch ist ein Versuch, kritische Gesellschaftstheorie und Praxis vereinbar zu machen, und möchte weitere Projekte dieser Art anregen.

Alle hier vorgestellten Titel der edition assemblage sind in ihrer Buchhandlung erhältlich oder können direkt beim Verlag bestellt werden:

edition-assemblage.de
Postfach 27 46, D-48014 Münster

edition assemblage